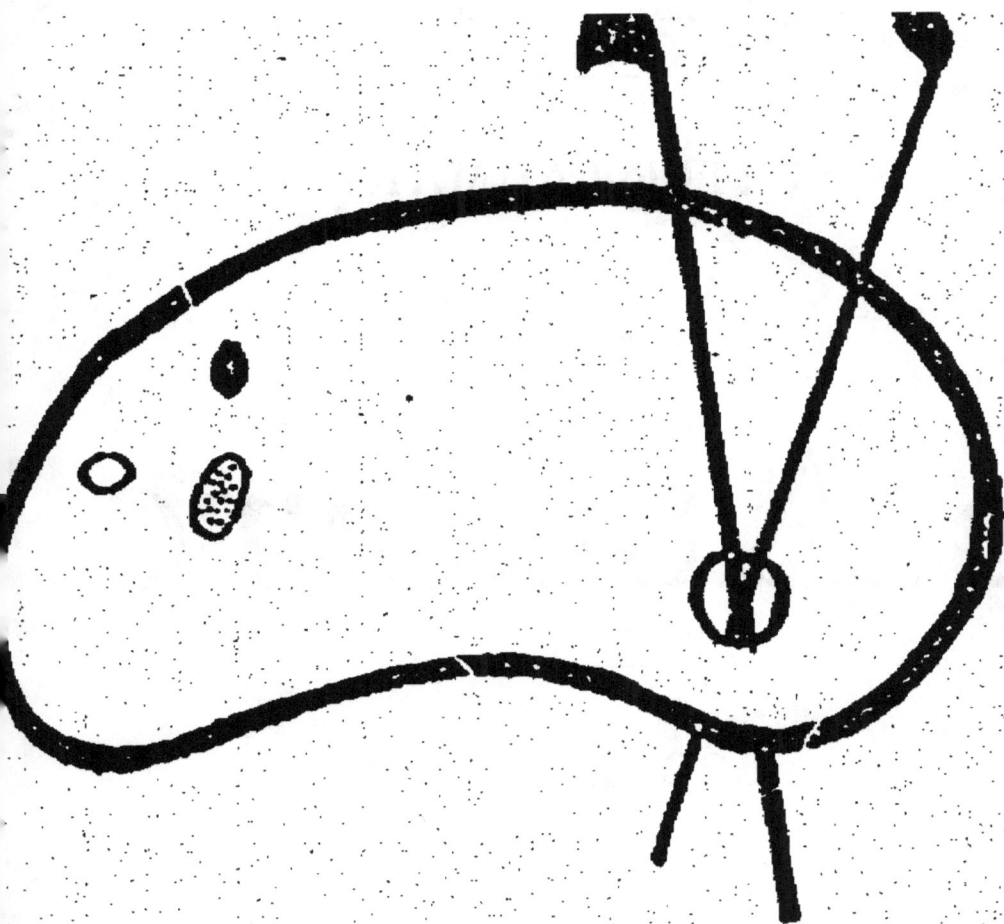

**COUVERTURE SUPERIEURE ET INFERIEURE
EN COULEUR**

BIBLIOTHÈQUE FRANÇAISE
Romans inédits à Un franc le Volume
FRANCO : I FR. 25

SUTTER-LAUMANN

Au Val
d'Andorre

Les Ecrehou

PARIS
MOURLON ET Cⁱᵉ, ÉDITEURS
6, RUE PAPILLON, 6
1888

Au Val d'Andorre

Les Ecrehou

OUVRAGES DU MÊME AUTEUR

Les Meurt-de-Faim. Poésies. Kistemaecker, éditeur (épuisé) et Edinger, éditeur.

Par les Routes. Poésies. Alphonse Lemerre, éditeur.

Pour paraître prochainement :

Bonheur Perdu. Roman.

Histoire d'un « Trente Sous », anecdotes du Siège et de la Commune.

ASNIÈRES. — IMPRIMERIE LOUIS BOYER ET Cⁱᵉ.

BIBLIOTHÈQUE FRANÇAISE
Romans inédits à Un franc le Volume

FRANCO : I FR. 25

———

SUTTER-LAUMANN

Au Val
d'Andorre

———

Les Ecrehou

Ⱁ

PARIS
MOURLON ET Cⁱᵉ, ÉDITEURS
6, RUE PAPILLON, 6
1888

Avant-Récit

Pour le journaliste, un voyage n'est jamais prévu, arrêté d'avance, préparé avec soin, étape par étape, comme pour l'ordinaire touriste qui s'en va où bon lui plaît. C'est au moment où il y pense le moins, quand il a des affaires en train, des rendez-vous pris, qu'il doit subitement boucler sa légère valise, sauter dans un fiacre, courir à la gare et partir par le premier train pour une destination à lui assignée par un événement fortuit. A peine s'il a le temps de faire ses adieux, de serrer la main à ses camarades de rédaction : le voilà en route. Et le but, pour lui, n'est pas, ainsi que pour le touriste, de se distraire et de voir des choses qui l'intéressent. Le plaisir doit être la moindre de ses préoccupations. Dès qu'il a mis le pied dans le wagon, son souci commence. Il s'agit de mener à bien la mission qui lui est confiée : envoyer à son journal des renseignements précis, inédits si c'est possible, dans le plus bref délai, sans erreur, et dans un style passable. La beauté des paysages, les merveilles artistiques des villes qu'il verra ne viennent qu'au second plan. On ne lui demande pas, la plupart du temps, de soigner le pittoresque ni de faire œuvre de peintre. C'est l'information nette, le fait brutal qu'il lui est prescrit de saisir. Et il ne doit point exister pour lui de difficultés. S'il voyage en compagnie de confrères, il lui est défendu de se laisser distancer par eux ; s'il voyage seul, il n'a pas même la ressource de dire, au retour : les autres n'ont pas été mieux informés que moi. Arrivé à l'étape, au lieu de se reposer, vite il faut qu'il s'enquière de l'heure des levées à la poste et du bureau télégraphique ; la copie doit parvenir à tout prix, sans aucun retard. Et quand il s'est assuré que sa correspondance partira dans les délais, il ne lui reste plus qu'à la rédiger. Il dormira quand il l'aura terminée, et, la besogne faite, il aura encore cette perplexité continuelle et agaçante de ne savoir comment sa prose et ses renseignements seront appréciés par son directeur et par le public.

Cependant, l'attrait des voyages est si puissant, que le grand reportage est une partie très recherchée dans le métier, car elle comporte une certaine somme d'indépendance et d'imprévu pleins de charme. Puis il n'est pas rigoureusement interdit d'être à la fois reporter et artiste, si faire se peut, ni de prendre des notes sur les pays que l'on traverse plus en enquêteur avide de nouvelles qu'en voyageur enthousiaste.

De mes nombreuses pérégrinations, qui ne furent pas toutes plaisantes — notamment celles que je faisais à la suite de ministres quelconques allant dans les provinces haranguer les populations — j'ai gardé le souvenir des plus curieuses, des plus incidentées : mon voyage au Val d'Andorre et une visite aux Ecrehou.

On en trouvera le récit dans ce livre, composé avec mes lettres au journal *la Justice* et avec des documents qui ne pouvaient me servir alors. Puisse le lecteur y retrouver les impressions que j'ai éprou-

vées et que j'ai essayé de transcrire avec
fidélité.

Le Val d'Andorre, situé sur notre frontière pyrénéenne, contigu à l'Ariège et aux
Pyrénées-Orientales, n'est que peu connu.
Ce court récit donnera peut-être, à quelques amateurs de beaux voyages, le désir
de visiter ce pays sauvage et charmant,
dont les habitants ont conservé les mœurs
et les coutumes de leurs ancêtres depuis
plus de dix siècles, avant que la civilisation, cette grande niveleuse anti-artisti-
que, ait passé par là et détruit le caractère
pittoresque de cette petite république
féodale.

AU VAL D'ANDORRE

I

DE PARIS A BOURG-MADAME. — A TRAVERS LA CERDAGNE.

On ne peut se faire une idée des obstacles que présente un voyage dans les régions pyrénéennes, en plein cœur d'hiver. Je ne m'en doutais nullement quand, au retour d'une rapide excursion dans la Manche, accomplie au mois de janvier, je reçus l'ordre de partir immédiatement pour le Val d'Andorre, où une révolution venait d'éclater. A présent, je sais à quoi m'en tenir, et je dirai à ceux que leurs affaires ou leur fantaisie conduiraient dans ces contrées, de la fin d'octobre aux premiers jours d'avril, voire de mai : munissez-vous d'un double trousseau, absolument

comme si vous deviez aller au pôle en passant
d'abord par les tropiques, car vous aurez tour à
tour un froid de loup et une chaleur sénégam-
bienne. N'ayant emporté que le strict nécessaire,
comme si j'allais faire une promenade d'un jour
ou deux dans la forêt de Fontainebleau, je n'ai
pas constamment été à mon aise.

Je quitte Paris un lundi soir (le 15 mars 1886),
par le train de neuf heures cinquante, au lieu de
prendre l'express ; je n'arrive que le mardi, un
peu avant l'aube, à Perpignan où je dois attendre près de quatre heures à la gare, roulé dans
ma couverture et couché sur une banquette,
n'osant pas aller à l'hôtel par crainte de manquer
le premier train pour Prades, où je débarque à huit
heures du matin, par un temps ravissant qui me
dédommage de la froidure de la nuit. A midi, je
prends la diligence allant à Bourg-Madame, où
j'arrive au crépuscule, le mercredi, deux jours
après mon départ. Impossible d'aller plus loin.
Je passe la nuit dans l'unique hôtel de Bourg-

Madame, l'hôtel Sarlat, que je recommande à tous les voyageurs, et où j'ai rejoint la mission qui m'a fait bon accueil. Enfin, le jeudi matin, une voiture particulière nous conduit à Porté, autre point de la frontière, en passant par Puycerda, ville espagnole située à une portée de fusil de Bourg-Madame.

Il est deux heures de l'après-midi. Je viens de déjeuner en compagnie de l'envoyé extraordinaire de la République Française, M. Papinaud, député de l'Aude[1], et les personnes de sa suite, MM. Darnis et Guitard, qui lui servent de secrétaires. Je suis fatigué par une aussi longue course, un peu étourdi par ce qu'on appelle le « mal des montagnes », — espèce de vertige assez semblable à celui qu'on éprouve en mer, — et très éprouvé par la température, Porté étant à environ 1 800 mètres d'altitude. Et en cette saison ! C'est au point que dans cette pauvre auberge où nous

1. Aujourd'hui gouverneur de Nossi-Bé.

sommes descendus, j'ai toutes les peines du monde pour écrire quelques lettres. Un grand feu pétille et flambe dans la vaste cheminée où ronronne une énorme marmite pendue à la crémaillère et, lui tournant le dos, je grille d'un côté mais je gèle de l'autre. L'onglée me fait crisper les doigts sur le porte-plume. La pièce est pleine de fumée. C'est à en pleurer.

A travers les carreaux, pleurant de buée, d'une étroite fenêtre, j'aperçois les montagnes environnantes couvertes de neige, et je me demande avec anxiété quand et comment nous irons en Andorre, distant d'une douzaine de lieues, m'a-t-on dit, mais qui me paraît dans un éloignement fantastique. Avec la nuit qui approche, le froid devient de plus en plus abominable, et déjà nous avons eu bien des difficultés, tant les chemins sont mauvais et les moyens de locomotion insuffisants.

Pourtant, jusqu'ici, ce ne sont que des roses. Les épines nous attendent au passage du col de Puymaurens et à celui de Soldeu.

De Prades aux premiers contreforts des montagnes, le trajet est ravissant. La chaleur est aussi forte qu'au mois de juin en Parisis. Les bourgeons crèvent, les abricotiers et les pêchers sont en fleurs, les seigles et les blés poussent dru. Des bourdons vont bourdonnant, des papillons vont voltigeant. Le ciel est d'un bleu indigo, le soleil épand une resplendissante clarté, et les feuilles lancéolées, gris d'argent, des oliviers étincellent. Sur la route, on croise des chars-à-bœufs, qui vont de leur allure lente et toujours égale. Les paysans sont en bras de chemise, gilet ouvert, le bonnet catalan rejeté en arrière sur la nuque, et on les voit s'essuyer le front du revers de la manche ou avec un de ces larges foulards historiés qu'on fabrique en Cerdagne. Ou c'est une paysanne, au jupon rouge bordé d'une frange noire, juchée sur un âne qui trottine et qui se gare de notre diligence allant à toutes brides, tirée par cinq vigoureux chevaux, dont le poil fume; un douanier qui revient de tournée, dont le fusil paraît peser lourd à l'épaule, et qui chemine d'un pas traînant, pour retrouver un repos bien gagné; un gendarme qui cligne de l'œil, en sournois, pour dévisager le passant, et qui paraît étouffer dans son uniforme. Et tous, paysan, paysanne, douanier, gendarme, quand ils croisent la diligence, font un bout de conversation avec le cocher et le conducteur, et l'on entend à chaque fois ces deux mots prononcés avec un soupir: *Fa Calo!*

Oui, il fait chaud, très chaud! des vêtements de toile seraient fort agréables, car c'est un vrai printemps du Midi. Mais toute la chaîne des Pyrénées qui étend ses anneaux à perte de vue, à droite et à gauche, est couverte de neige, et le Canigou dresse dans le ciel bleu sa masse blanche où les rayons solaires viennent se réverbérer avec une intensité extrême. Printemps charmant dans la plaine, mais là-haut, c'est encore l'hiver, et c'est là-haut que nous allons!

Peu à peu, l'atmosphère fraîchit. Les pardes-

sus retirés sont remis prudemment. Du reste,
tout indique que nous entrons dans la région
froide. Les verdures se font plus rares, les champs
cultivés sont plus exigus, placés qu'ils sont sur le
flanc des montagnes et formant des gradins suc-
cessifs dont la base est soutenue par de petits
murs construits en pierre sèche, non cimentée;
les oliviers disparaissent, la vigne également. Çà
et là, encore, quelques pelouses où des troupeaux,
bœufs, moutons, chèvres, paissent une herbe
maigre et roussie, tant par les feux des soleils de
l'été dernier que par les rudes gelées de l'hiver,
à présent à son déclin. La montagne devient
aride et pelée, ses arêtes vives se dessinent nettement. Plus de ces curieux villages épars dans
la vallée, perchés sur un mamelon élevé, dont
les maisons s'escaladent l'une l'autre et forment
une succession d'étages grimpant jusqu'au point
culminant de la hauteur où est bâtie l'église, dont
le clocher carré, terminé par deux clochetons,
s'aperçoit de plusieurs lieues. Ceux que nous

traversons ont un aspect misérable : habitations branlantes, secouées par tous les vents, vermoulues, crevassées, noirâtres, aux toitures disjointes ; fenêtres aux vitres brisées, remplacées tant bien que mal par un papier huilé. Cependant, parfois, une jolie maison, bien proprette, élégante, aux fenêtres garnies de balcons en fer forgé, — on sent déjà l'Espagne, — ornées de jarres en terre cuite contenant des fleurs vivaces ou des plantes grasses, demeure d'un notable habitant. Nous avons traversé la très pittoresque Villefranche, défendue par de vieilles fortifications au pied desquelles bondit un torrent. Ce torrent, la route le côtoie pendant des heures, tantôt à gauche, tantôt à droite, à une hauteur de près de cent mètres. Ses méandres, son bruit chantant, égayent un peu le paysage qui devient d'une monotonie désespérante. La montagne est de plus en plus aride ; les rochers gris s'effritent et s'ébranlent ; par places, dans des creux, la neige. On monte toujours ; parfois les voyageurs

mettent pied à terre, tant pour alléger la voiture
— les chevaux tirent à plein collier — que pour
se réchauffer; la route était sèche jusqu'ici, elle
devient boueuse, car le soleil fait fondre la neige;
et de tous côtés, des ruisseaux cascadeurs des-
cendent dans le val : chaque roche pleure. Puis
la neige devient résistante : il gèle. Et, quand
nous atteignons le fort de Mont-Louis, sentinelle
avancée qui nous garde vers l'Espagne, la voiture a de la neige jusqu'au moyeu des roues. Le
soleil disparaît derrière les monts, de longues
traînées de brume flottent et dérobent l'horizon;
il fait un froid de loup, et cette désolation paraît
d'autant plus grande qu'il y a trois ou quatre
heures nous étions dans un délicieux paysage,
verdoyant, embaumé de senteurs printanières.
Pendant trois ou quatre jours, cette semaine, les
communications ont été interrompues entre les
deux versants de la montagne que nous venons
de gravir.

A peine a-t-on franchi le col de la Perche, à

quelques kilomètres de Mont-Louis, que le spectacle change : la couche neigeuse perd de son épaisseur. C'est la descente et, par une route en circuits qui n'en finissent pas, on arrive dans la Cerdagne française, vaste plaine où la température est douce et où l'on n'a jamais vu de brouillards.

J'avoue que j'avais hâte de redescendre en pays plat. J'étais sur l'impériale de la diligence, derrière le cocher, très imparfaitement protégé dans le dos par une mauvaise bâche qui se payait la fantaisie de flotter comme un drapeau, je ne savais plus si j'avais des pieds, et j'avais la figure coupée par la bise. Dix heures de voiture par un temps pareil et dans un tel pays ! On serait transi à moins.

— Est-ce loin encore ? demandai-je au conducteur.

— Dans deux petites heures, nous y serons. Tenez, là-bas, sur le haut, vous voyez cette fumée, — ils appellent ainsi un brouillard. —

Eh bien, c'est Puycerda ; au pied, c'est Bourg-Madame.

Nous n'arrivâmes à destination qu'à la grande nuit. Le bureau télégraphique était fermé, pas moyen d'envoyer une dépêche à mon journal ; quant à écrire une lettre, je n'en eus pas le courage. J'étais tellement fatigué que je dormais en mangeant, et je pris le seul parti à prendre, celui de m'aller coucher, non sans avoir pourtant fait un brin de causette avec les gens de l'hôtel, d'abord, et ensuite avec M. Papinaud et ses compagnons de voyage.

Bourg-Madame est ville frontière. — Ville, le terme est exagéré : une seule rue, une centaine de feux. C'est bien en effet une bourgade, assise sur une languette de terre constamment mise en péril par deux petites rivières, la Sègre et le Reyard, dont les eaux tumultueuses grossissent du double à la moindre averse et à l'époque de la fonte des neiges. Il n'y a qu'à traverser le pont pour être en Espagne. Or, comme sur toutes les frontières, les habitants de Bourg-Madame n'ont qu'une médiocre sympathie pour leurs voisins. Ils frayent bien ensemble, des rapports d'intérêt les rapprochent; des mariages ont lieu parfois qui devraient cimenter l'amitié, rien n'y fait: deux patries sont en présence. Mais c'est une antipathie très marquée qu'ils ont pour les Andorrans. Ceux-ci ne sont pas très commodes, paraît-il, dans les relations ordinaires. Méfiants, rusés comme dix Normands, prompts à se fâcher, ils n'ont pour eux que leurs vertus domestiques: l'amour de la famille et des mœurs d'une pureté cristalline. Sous le coup d'une violente émotion, ils sont capables de tout. Aussi la mission de M. Papinaud est-elle considérée comme pouvant être très périlleuse. En ce moment, le parti français andorran a le dessus et les partisans de l'évêque d'Urgell sont réduits à l'impuissance. Mais comme on ne sait que difficilement ce qui se passe en Andorre — car il n'y a ni poste ni télégraphe dans ce joli pays, les habitants n'en veulent à aucun prix — il se pourrait bien que les gens du co-prince d'Urgell aient triomphé de leurs adversaires. Alors ce ne serait pas drôle, et l'envoyé du gouvernement a beau aller là pour rétablir la paix, il se pourrait bien faire qu'une fusillade le saluât son entrée dans le Val d'Andorre. On dit même ici que cela arriverait immanquablement si, pour prendre la route la plus facile, la mission passait par la Seo d'Urgell.

Mais M. Papinaud, qui est allé déjà, en 1882, mettre à la raison les trop irascibles Andorrans, a une entière confiance. Il pense qu'un mauvais coup ne serait tenté que par un partisan isolé. Si sauvages, si frustes que soient les Andorrans, ils ne sont pas sans savoir qu'il existe un droit des gens et qu'une criminelle tentative sur un représentant de la République et sur des citoyens français leur attirerait des représailles et serait sévèrement punie.

Les Andorrans aiment volontiers faire parler la poudre, et le bizarre régime sous lequel ils vivent favorise singulièrement leur manie. On sait que, par un traité remontant à 1278, ils sont constitués en république placée sous le protectorat de la France et de la mitre d'Urgell, mais non de l'Espagne, comme on le croit généralement. L'Espagne n'a rien à voir dans leurs affaires. C'est la France et l'évêque de la Seo qui ont seuls à en connaître. Cet évêque est l'unique peut-être, en Europe, qui ait un pouvoir temporel; et si, comme évêque, il dépend du gouvernement espagnol, il ne relève que du pape en ce qui concerne l'exercice de ce pouvoir temporel.

Au fond, on se demande quel intérêt nous avons à nous occuper de l'Andorre, qui nous paie, comme tribut annuel, sept cents et quelques francs. Que les Andorrans s'arrangent entre eux, qu'ils s'embrassent ou se flanquent des peignées, cela les regarde, pensera-t-on. Au besoin, disent certaines personnes peu au courant de la question et qui croient que l'Espagne a des droits sur l'Andorre, ce pays pourrait être cédé à cette puissance en échange de Livia, commune espagnole entièrement enclavée dans le territoire français et que j'ai aperçue en passant. Mais on ignore que l'Andorre, dont il est impossible de se procurer une carte, possède des positions stratégiques de premier ordre et commande des défilés qui débouchent en France. Céder l'Andorre à l'Espagne, en échange de Livia, serait absurde, puisque l'Espagne n'a aucun droit sur le Val qui compte vingt et une paroisses ou communes, et que Livia n'est qu'un village sans importance.

Pourtant, il ne serait pas inutile de s'occuper de Livia qui, par sa situation anormale, est un embarras pour nous. Cette terre espagnole dans notre territoire, est le résultat d'une bizarre délimitation de frontières, faite lors du fameux traité des Pyrénées de 1659.

Par une des clauses de ce traité, les communes françaises qui entourent Livia doivent, tous les deux ans, laisser leurs terrains en friche pour permettre le passage aux bestiaux que les gens de Livia mènent à la montagne. Or, cette clause n'est jamais respectée; nos paysans se gardent bien, ce qui est tout naturel, de perdre une année sur deux; mais ils se refusent obstinément à laisser passer dans leurs champs, quand les récoltes sont sur pied, les bœufs, les chèvres et les moutons de leurs voisins; d'où des conflits armés qu'il faut apaiser comme on peut. Enfin, Livia étant reliée à l'Espagne par un étroit chemin neutre, où aucun soldat, gendarme ou douanier de l'une ou l'autre des deux nations ne doit circuler, cette commune est le refuge de tous les contrebandiers de la contrée.

Ce serait donc la France qui aurait tout intérêt à annexer l'Andorre, si notre pays n'avait pas le respect des droits des peuples; mais si petit que soit le peuple andorran, il vit en liberté et nul ne peut songer à conquérir cette république en miniature. Tout ce que la France peut et doit faire, c'est d'y maintenir l'ordre pour la sécurité de sa propre frontière. Mais cet ordre est souvent troublé à cause de cette rivalité entre les deux partis qui divisent l'Andorre. Les libéraux, amis de la France, voudraient des routes, une poste, des relations plus étroites avec nous, d'autant qu'ils commercent plus avec l'Ariège qu'avec toute l'Espagne. Mais les partisans de l'évêque de la Seo d'Urgell, carlistes dans l'âme, redoutent tout progrès qui pourrait entraîner la perte de l'influence du clergé dans le Val. De là ces prises d'armes. Le dernier prétexte a été l'arrestation d'un individu, condamné à 14 ans de travaux forcés. L'évêque revendiquait le condamné, et comme il n'a pas de bagne ni de prison, il voulait qu'on conduisît cet homme en Espagne, alors que de nombreux précédents indiquent que c'est en France qu'un andorran condamné, pour crime de droit commun, doit subir sa peine. Force resta à la loi, et malgré les coups de fusil et l'attaque des partisans de l'évêque, M. Bonaventure Vigo, le viguier français, s'empara du prisonnier et le conduisit à Foix.

2.

Voilà le conflit que M. Papinaud va essayer d'apaiser. Réussira-t-il? C'est à savoir, car les têtes sont fort échauffées là-bas et la longanimité du gouvernement français encourage l'audace de ses adversaires.

Il est deux heures du matin, je ne tiens plus debout, et demain si les courriers envoyés en Andorre arrivent porteurs de nouvelles pas trop alarmantes, nous partons pour le Val. Six heures de voyage à cheval et six heures à pied avec de la neige jusqu'au ventre, pour arriver au premier village, et encore en plusieurs étapes! C'est tout une affaire.

Le feu est éteint, il gèle à pierre fendre, ma chandelle va expirer. Je remets à un autre jour le récit du voyage de Bourg-Madame à Porté, en passant par Puycerda (pour éviter un détour on entre sur le territoire espagnol, qu'on coupe pour rentrer ensuite sur le territoire français), ville illustrée par sa résistance à Saballs, lors de la dernière guerre carliste.

II

Pour ceux qui ignorent les difficultés qu'on
rencontre en hiver dans les montagnes, il paraî-
tra étonnant que je ne sois pas déjà dans quelque
village de l'Andorre, ayant quitté Paris depuis
cinq jours. Mais dans ces régions, tantôt il gèle
à faire éclater le roc, tantôt il neige à ne point
voir à trois pas devant soi, tantôt un orage ter-
rible, coups de tonnerre, grêle et pluie, trans-
forme les moindres sentiers en cascades. Il faut
donc profiter d'une embellie pour tenter le passage.

Pour descendre en Andorre, ces difficultés se

compliquent : sans compter qu'en ce moment les esprits sont exaspérés et qu'une balle est plus vite arrivée à destination que le voyageur. Le moins qui vous puisse advenir, si l'on ne prend pas certaines précautions, c'est d'être empêché par un bayle quelconque de franchir la frontière andorrane. Que vous ayez des papiers ou non, peu importe. Les Français ont bien le droit de pénétrer dans les vallées, et plusieurs fois notre gouvernement a protesté contre l'expulsion de ses nationaux. Mais, même avec un passeport, les Andorrans vous répondent avec une obstination qui n'égale que leur mauvaise foi :

— Nous ne savons pas si vous êtes Français, vous le dites... mais la preuve ?

— Voici mes papiers.

— Vous les avez peut-être volés.

L'argument est sans réplique, d'autant qu'il peut être appuyé de raisons brutales auxquelles on ne peut résister et que toute l'éloquence du monde ne pourrait vaincre. Les crosses de fusil sonnant sur le sol le disent assez. Du reste, cette courte conversation se tient en catalan. Si le voyageur connait ce dialecte, tant mieux pour lui ; il se tirera d'affaire plus facilement. Sinon, son guide lui servira d'interprète, mais l'entretien ne durera pas longtemps. Les Andorrans ne laissent pénétrer dans leurs vallées que les gens qu'ils connaissent, habitants des frontières avec qui ils sont en relations.

Tel est le motif, outre la difficulté des chemins, qui m'a fait différer mon départ pour l'Andorre. Je voudrais y aller avec la mission, ce me serait plus commode, sous tous les rapports ; autrement je serais parti hier vendredi. Pourtant, il faudra bien que je me décide à partir seul, quelque temps qu'il fasse, « au petit bonheur », car la mission est retardée ici et son départ n'aura lieu que jeudi prochain, ce qui me mènerait trop loin. Aussi me mettrai-je en route, après-demain matin, sans faute ; muni d'une lettre de M. Papi-

naud, lettre m'accréditant auprès de la mission
et adressée à notre viguier, qui est en ce moment
à Andorre-la-Vieille, d'où je daterai mon prochain courrier.

En me souhaitant bon voyage, mes amis
m'ont chargé de leur rapporter quelques photo-
graphies du pays : portraits et paysages. Il aurait
fallu que j'emportasse un appareil. Point de
Carjat ni de Nadar, en ce merveilleux pays —
merveilleux de nature s'entend. — Il y a deux
ans, un photographe de Toulouse, qui voulait
compléter ses collections, eut la fâcheuse idée
de s'en aller en Andorre pour prendre des
« vues ». Pendant une huitaine, tout marcha à
souhait pour lui. Il opérait, opérait, opérait ! si
bien qu'il avait déjà un album complet et qu'il
songeait à revenir, lorsqu'au détour d'un bois, il
se trouve nez à nez avec une poignée d'Andorrans ayant escopette au poing et navaja à la
ceinture. C'étaient des partisans de l'évêque. Notre
homme, un peu ému, offre gracieusement de

faire le portrait du chef de la bande, espérant amadouer celui-ci ; mais, en un tour de main, ses épreuves sont mises en morceaux, ses plaques pilées à coups de talon de soulier et sa boîte aplatie sous un énorme quartier de roche. Puis, on lui montrait du doigt la direction de la France et on le faisait trotter comme un cabri, jusqu'à la frontière. Il parvint à obtenir, et par voie diplomatique encore, une petite indemnité ; mais il fut guéri pour toujours de l'envie d'aller exercer son art au Val d'Andorre. Comme chez les nègres de l'Afrique centrale, il faut se cacher pour prendre un croquis sur un bout de calepin : les Andorrans s'imaginent qu'on lève des plans pour conquester leur pays, sentiment patriotique fort honorable, mais qui me parait exagéré.

Pour donner une idée de la pauvreté des ressources du pays, en tant que commodités, sachez qu'il n'y a, dans tout le Val, qu'une seule auberge — et quelle auberge ! — à Andorre même, paraît-il ; qu'un seul médecin, peut-être simplement officier de santé ; qu'un seul pharmacien. Il faut faire des lieues, dans des chemins qui n'en sont pas, pour se procurer des secours, quand on est malade. A Andorre, il y a un établissement thermal, inscrit au Bottin, qui porte cette promesse fallacieuse : « Jeux de toute sorte. » Il n'y a jamais eu un seul baigneur, me dit-on. Mais je décrirai toutes ces splendeurs quand j'y serai. Pour l'instant, je me contente de donner quelques indications générales.

Les transactions commerciales sont donc à peu près nulles en Andorre. On n'y fait que de l'élevage et voici comment les riches propriétaires pratiquent. Ils vont en Espagne, et surtout en France, acheter de jeunes bestiaux qu'ils paient relativement bon marché ; — le syndic général de l'Andorre, partisan de l'évêque de la Seo dU'rgell, est en ce moment en Poitou à cet effet ; — ils les ramènent chez eux et les lâchent dans la montagne, pendant trois ans. Ce laps de temps écoulé, ils font une véritable chasse à ces bêtes devenues sauvages, pour les rattraper et les revendre un fort bon prix. Ce commerce se fait principalement avec l'Ariège. Or, ce sont ces riches propriétaires — la question sociale existe en Andorre comme ailleurs, — ces *capitalistes*, qui font tout leur possible pour maintenir le pays dans son état précaire. Eux seuls s'arrondissent, eux seuls ont la prépondérance dans les affaires de la petite république, eux seuls ont quelque confortable relatif, et c'est assez. Aussi redoutent-ils l'influence des idées françaises, qui gagnent peu à peu. Ils entretiennent le fanatisme catholique et sont dévoués à l'évêque ; ils gardent les frontières avec un soin jaloux, refusent les routes qu'on offre de tracer dans leur.pays, ne veulent pas de la poste et encore moins du télégraphe. Ce sont eux qui firent abattre les poteaux et couper les fils de celui que le gouvernement français avait essayé d'établir dans la

vallée pour la relier à Foix. Ils parlent français
un peu, d'aucuns le parlent très bien et le com-
prennent parfaitement ; mais ils affectent de ne
pas l'entendre. Et ces propriétaires, qui sont les
clients du co-prince, évêque de la Seo, et de
son viguier, ont eux-mêmes leurs clients qu'ils
arment à tout propos pour entretenir l'agitation
dans le pays et maintenir ainsi leur suprématie.
Ils savent bien que la République française, en
vertu de son droit souverain de co-prince,
peut intervenir, même activement. Mais ils
calculent sur la bienveillance qu'elle a toujours
montrée, et ils pensent qu'elle n'essaiera jamais
d'agir que par la persuasion, ce dont ils se moquent d'une manière absolue. Aussi les affaires
de l'Andorre ne laissent-elles pas de nous coûter
assez cher. Fréquemment il faut envoyer dans le
Val soit un délégué spécial, soit une mission
extraordinaire, sans compter tous les embarras et
les frais que ce pays occasionne au département
des Pyrénées-Orientales, dont le préfet est le

délégué permanent de la France en Andorre. Comme il n'y a pas de budget spécial, l'argent est pris sur les fonds secrets des affaires étrangères et de l'intérieur. La solution, car il en faut une, à moins que nous n'abandonnions l'Andorre, la solution serait, au dire des habitants de la frontière qui connaissent la question, de créer un poste de résident français dans la vallée. Une douzaine de mille francs par an, plus les six mille qu'on donne déjà à notre viguier, cela ferait une vingtaine de mille francs. Bon an mal an, les affaires andorranes, avec le système actuel, nous coûtent le double. Cette république minuscule d'Andorre donne lieu à autant d'échanges de notes diplomatiques qu'un grand Etat.

Il est à remarquer qu'un résident à Andorre ne porterait aucune atteinte à la liberté de ce petit peuple. Beaucoup d'Andorrans seraient enchantés que la France s'occupât d'eux d'une façon plus sérieuse; ils disent :

« Oui, de temps en temps, la France vient bien ; mais elle s'en va dès que le calme est rétabli et elle nous laisse à la merci des partisans de l'évêque. Tout est à recommencer. »

Un résident français maintiendrait notre influence dans les vallées, pour le plus grand intérêt de la population, ce n'est pas douteux. Seule l'aristocratie ultra cléricale aurait à s'en plaindre, mais elle n'oserait bouger. Ce pays serait plus heureux, plus prospère, on ne verrait plus de ces prises d'armes continuelles qui nous forcent à intervenir sans cesse et sans résultat.

Bien entendu, il faut prendre cette appréciation pour ce qu'elle vaut, c'est-à-dire pour une appréciation toute personnelle d'un simple journaliste. Mais je la crois bonne, cependant, et autour de moi je l'entends soutenir très souvent.

La situation présente est assez bonne. Un courrier arrivé ce matin d'Andorre confirme les dernières nouvelles. Les partisans de l'évêque sont rentrés à la Seo ; quelques-uns sont allés à

une grande foire dans la province de Lérida.
Pourtant, ils recrutent toujours et, cette semaine, on a vu à Puycerda le curé de Canillo
qui, déguisé en paysan, essayait d'enrôler des vo-
lontaires. C'est une preuve que tous les Andorrans, même les partisans de la Seo, ne sont pas
disposés à faire le coup de feu, puisque l'évêque
cherche des hommes en Espagne, anciens carlistes sans ouvrage.

La ville de Puycerda, que j'ai visitée en passant, me rendant à Porté, est une petite ville
très pittoresque, bâtie sur un rocher qui domine
la vallée, et entourée de hautes montagnes. C'est
la place la plus importante de toute la Cerdagne,
et sa position stratégique est de premier ordre.
Elle n'est pourtant défendue que par de faibles
murailles en pisé, percées de meurtrières, qu'un
boulet jetterait bas. Néanmoins, malgré un siège
en règle et plusieurs assauts acharnés, les carlistes, commandés par le cabecilla Saballs, ce
curé qui dévasta la Catalogne, ne purent s'en em-

parer. Ils étaient deux mille, et, sur ses trois mille habitants, la ville ne comptait que quatre cents défenseurs; mais leur énergie suffit à tout. Dirigés par un pharmacien, M. Marty, homme d'une grande intelligence et d'un patriotisme éprouvé — je lui ai été présenté et il m'a raconté quelques épisodes de cette guerre — ils repoussèrent l'ennemi pendant plusieurs mois. Les femmes et les enfants concouraient à la défense en comblant les brèches faites par le canon. Du reste, Puycerda fut toujours le premier objectif des armées carlistes; elle a eu à soutenir tant de sièges que l'histoire en serait trop longue, et c'est à bon droit qu'elle porte la qualification d'héroïque, qui lui a été décernée solennellement, ainsi que le constate une plaque de marbre encastrée dans le fronton de son hôtel de ville (*Alcadia*). Ses rues sont étroites, mal pavées, et surplombées par les balcons en fer forgé (*Miradores*) que chaque fenêtre de maison espagnole qui se respecte doit posséder. La ville est silencieuse, presque triste, mais elle est entourée de gais jardins ; elle possède un petit lac bordé de plates-bandes, avec un îlot central portant un kiosque. C'est un lieu de promenade. On fait son tour du lac à Puycerda comme à Paris. Sur la *Plaza Mayor*, on remarque la statue du général Cabrinety, qui fut tué en délivrant la ville, lors de la dernière insurrection ; œuvre assez réussie d'un sculpteur du pays, — âgé de dix-huit ans, ajoutent les indigènes, fiers de leurs célébrités.

En quittant Puycerda, on regagne le territoire français pour prendre la route de Porté. L'aspect devient de plus en plus sauvage ; la gorge est très étroite ; le chemin, encaissé entre la montagne, dont les roches schisteuses s'écroulent, et un torrent rapide qui gronde à une cinquantaine de pieds au dessous, n'est pas sans danger. Le vent siffle et fait une musique étrange dans les pins qui escaladent la montagne et paraissent encore plus sombres sur l'éclat blanc de la neige qui tapisse le sol et forme un amas considérable dans chaque

anfractuosité. Mais plus haut, à mesure que nous
montons, la neige se fait plus épaisse ; des cas-
catelles gelées ont des retombées magnifiques,
stalactites de cristal que le soleil diamante. Plus
haut toujours, à mille ou douze cents mètres au-
dessus de nous — et nous sommes déjà à une
altitude de seize cents — la montagne déroule
ses sommets en forme de scie, d'où le nom espagnol de *sierra* ; mais les flancs sont arrondis et
offrent à l'œil des lignes aux doux contours, tant
la neige amoncelée a effacé les aspérités.

Il y a cinq lieues de Bourg-Madame à Porté :
nous avons mis quatre heures, en voiture, pour
franchir cette distance.

Porté est un village de trois cents âmes, bâti
en escaliers, dans un creux de vallon en forme de
cirque. De quelque côté qu'on se tourne, des
montagnes sur la cime desquelles de gros nuages
tourbillonnent et se résolvent en neige. Le site
est admirable. Partout des ruisseaux bordés de
saules, d'arbustes dont les branchettes d'un ton

rose pâle tranchent sur le vert des prairies, car dans cet étroit vallon, il n'y a de neige que par places, tant la chaleur y est forte, quand le soleil donne. Ainsi, bien qu'à cent mètres à peine plus haut, et à la distance d'une portée de pistolet, le paysage soit d'un aspect tout à fait sibérien, à cinq heures de l'après-midi j'écris la fenêtre ouverte. Mais, dans une heure, je ne saurai comment me réchauffer. C'est le troisième jour que je suis à Porté, attendant les événements et l'instant propice pour passer le col, et j'ai déjà supporté toutes les températures possibles, depuis dix degrés au-dessous de zéro, le matin, jusqu'à vingt-cinq au-dessus, à midi. Il y a un bureau des postes et télégraphes, ici. Les employés s'y considèrent comme en exil. Les maisons sont pauvres et peu propres. L'église est une espèce de grange que la dévotion des fidèles a ornée de malheureuses peinturlures. J'ai remarqué, cependant, un bas-relief sculpté en plein bois, représentant une des scènes de la Passion, qui doit dater, autant que

3.

j'en ai pu juger d'après le costume des personnages, de la fin du treizième siècle.

L'auberge où je demeure est tout ce qu'il y a
de plus primitif. Extérieurement, elle n'inspire
pas confiance et on serait tenté, si l'on avait le
choix, de suivre le conseil que donne cette devise latine, gravée dans le mur, au-dessus de la
porte d'entrée, autour d'un cadran solaire : *Vide
et vade.* Mais les gens y sont affables, la chère est
exquise — tout à l'ail, par exemple ! — et le lit
est bon. On ne peut demander plus dans ce pays
perdu, où l'hiver dure dix mois.

III

Mon départ pour l'Andorre a encore été différé
pour plusieurs raisons. La première est que je
n'irais pas loin à cause du mauvais temps qui règne
sur les hauteurs. De fortes bourrasques de neige
se sont abattues dans les cols, et c'est avec
toutes les peines du monde que les courriers de
la mission, Andorrans amis de la France, rom-
pus à la fatigue et aux périls des montagnes, ont
pu parvenir jusqu'ici. En second lieu, allant en
Andorre, je tiens à voir quelque chose de ce si
curieux pays. Or, y allant seul, le moins qui

peut m'arriver est de ne rien voir du tout; les
Andorrans étant la méfiance même, ils se garde-
raient bien de me faire leur confident, quand
bien même je pourrais baragouiner quelque peu
de catalan, agrémenté de mots espagnols prononcés à la parisienne.

— *Es un gavach !*

Voilà comment ils se seraient exprimés à mon
égard si, ne consultant que mon impatience,
j'étais parti. Etant un « gavach », c'est-à-dire un
étranger, terme de mépris qui signifie « être
inférieur », je n'aurais pu aller bien loin, ils m'au-
raient fermé leurs portes, et les mœurs, les coutumes, les modes, tout m'eût échappé, heureux
si je ne m'étais pas fait reconduire à la frontière
par quelques partisans de l'évêque, que j'aurais
rencontrés rôdant par les sentiers ; et ce ne serait
pas la première fois que pareille chose arriverait à un journaliste en tournée dans ce pays. Il
y a quatre ans, un rédacteur de la *Dépêche* de

Toulouse fut expulsé du territoire andorran. Avec la mission, au contraire, je pourrai aller partout, je serai bien accueilli et j'obtiendrai tous les renseignements que je pourrais désirer, d'autant mieux que les membres de la mission, qui parlent catalan comme père et mère, seront mes obligeants interprètes. Déjà, l'annonce de l'arrivée des envoyés a produit un excellent effet dans les vallées. Le parti français a repris confiance, les carlistes se sont éloignés, ils ont regagné la Seo d'Urgell. Hier, nous avons reçu la visite de deux Andorrans de qualité : un député et le notaire. Ce ne sont pas de beaux hommes : ils ont à peine la taille de nos plus petits fantassins, et ont revêtu, pour la circonstance, les plus affreux vêtements modernes : pantalon, jaquette et casquette. Ils sont venus pour s'entendre avec M. Papinaud et le mettre bien au courant de la situation actuelle. Quand on entend parler de ce pays, des intrigues qui s'y jouent, on est tout étonné de voir à quelles complications en arrive la politique en ce petit coin de terre caché dans les Pyrénées. On croirait lire une page d'histoire du moyen âge. Du reste, la constitution de cette petite république datant de cette époque, le fait s'explique. Voici : Deux co-princes, la France et l'évêque de la Seo d'Urgell, nommant chacun un viguier, espèce de lieutenant général, commandant la milice bourgeoise; le conseil général, composé de vingt-quatre membres, quatre par paroisse, — bien qu'une paroisse compte plusieurs villages de population iné-gale — qui élit le syndic général des vallées. Ce personnage est le président de la république d'Andorre : mais s'il préside le conseil général, il n'a que voix consultative. La justice criminelle est rendue par les deux viguiers, réunis en ce qu'on appelle le conseil des Corts, et par le juge d'appellation qui les départage, quand ils sont d'un avis opposé. Ce juge est nommé alternati-vement par l'évêque et par la France. Le tribu-nal des Corts est de plus assisté par des *rahona-*

dores — à la lettre « raisonneurs » — sorte de greffiers nommés par le conseil général, qui font en même temps l'office d'avocats et sont chargés d'invoquer la clémence des juges. La justice civile est rendue par les bayles, qui sont au nombre de deux, l'un nommé par la France, l'autre par l'évêque. Chaque co-prince nomme également deux notaires.

Tels sont les hauts personnages de l'Andorre. Au dessous viennent les chefs de la milice, composée de tous les citoyens en état de porter les armes, et, au dessous encore, le peuple.

C'est déjà suffisamment compliqué pour qu'il y ait pas mal de tiraillements. Mais quand on saura que chaque viguier exerce ses pouvoirs en dehors de l'assentiment de son collègue, que chaque bayle a le même droit, c'est-à-dire que tout représentant de l'un des deux co-princes a le droit de décréter, de prendre telles dispositions qui lui conviennent, d'appeler la milice, on ne sera pas surpris que tout aille de travers dans ce petit pays qui serait si heureux sans cela.

Et naturellement, chaque viguier, chaque bayle, le syndic, le juge d'appellation, chaque député a ses créatures, et trois partis se disputent incessamment la prépondérance : le parti français, formé des petits propriétaires qui ne demandent qu'à vivre en paix, le parti carliste de la Seo d'Urgell, formé des gros propriétaires, — car l'Andorre est le refuge des carlistes de la Catalogne — et un troisième parti, appelé « révolutionnaire », qui, selon ses intérêts et les circonstances, fait pencher la balance tantôt d'un côté, tantôt de l'autre, mais surtout en faveur du carlisme. Puis les curés sont tout puissants et mènent tout. Une anecdote vous prouvera jusqu'où va leur intolérance. Le petit garçon de ce condamné à quatorze ans de travaux forcés, cause apparente du dernier conflit, ayant manqué la messe, le vicaire du village de Canillo rassembla les autres enfants qu'il institua en tribunal, et le petit garçon fut condamné par eux à

être exposé en place publique, avec le carcan au
col; — cette peine existe encore en Andorre —
il reçut en outre autant de coups de bâton qu'il
y avait d'enfants. Puis il n'y a pas de procédure
légale; aussi les procès durent-ils indéfiniment
— ou bien, dans une matinée, un homme est
arrêté, jugé et frappé.

Les révolutions dans ce petit pays ne sont pas
sans danger pour les vaincus. Ceux-ci sont em-
prisonnés et ont à payer des amendes considé-
rables. Leurs biens sont confisqués et vendus, et
tel qui était riche hier, se trouve pauvre comme
Job, aujourd'hui. Comme il a été dit, la dernière
prise d'armes avait eu pour cause, plus apparente
que réelle, la translation du condamné aux travaux forcés dans les prisons françaises, alors
que l'évêque le réclamait. A noter en passant que
cet homme, accusé de meurtre, fut condamné
sans preuve par ce fameux tribunal des Corts,
composé des deux viguiers et du juge d'appellation. Notre viguier s'opposait à la peine, le

viguier de l'évêque était pour, et le juge d'appellation, qui appartient corps et âme à l'évêque, décida que l'accusé était coupable. C'est alors que notre viguier, M. Vigo, dut montrer de l'énergie. Une bande de trois cents carlistes marchait sur Andorre-la-Vieille pour s'emparer du prisonnier et le mener à la Seo d'Urgell. Notre viguier partit avec une trentaine d'hommes, pour conduire le condamné en France ; mais au village des Escaldes, il trouva le bayle de l'évêque, avec une troupe de gens armés, qui lui interdit passage. M. Vigo parlementa, rappela le bayle à l'obéissance, mais voyant qu'il ne le pourrait convaincre, il allait retourner sur ses pas, lorsque la fusillade éclata, sans que, par bonheur, ni lui ni personne des siens fût atteint. Pendant ce temps, Andorre-la-Vieille était assiégée, vaillamment défendue par une soixantaine de braves gens. La lutte durait depuis huit heures, sans qu'aucun des combattants ait été touché, ce qui s'explique fort bien dans un pays où l'on bataille en tirailleur et où chaque soldat est embusqué derrière un obstacle de terrain. Cependant la résistance touchait à sa fin. Les défenseurs avaient épuisé leurs dernières munitions. La ville allait être prise et mise à sac, — car le chef des insurgés, Escolas, ancien colonel carliste, professeur au séminaire d'Andorre, et actuellement réfugié à la Seo, avait promis à sa bande deux heures de pillage, sans compter le massacre et le reste, — lorsque des secours arrivèrent des villages voisins, et les rebelles durent battre en retraite. S'ils avaient triomphé, ils emmenaient à la Seo une trentaine de prisonniers, une instruction était ouverte contre ceux-ci ; condamnés, leurs biens étaient saisis et vendus, et les pauvres bougres n'en restaient pas moins captifs, gardés par les gens de l'évêque, comme otages garantissant la soumission complète du parti français.

Mais il y avait en jeu tout autre chose encore que le condamné aux travaux forcés. C'était d'une précise question d'argent qu'il s'agissait. En voici l'histoire, dont le début remonte à trois ou quatre ans. Elle vaut la peine d'être racontée.

On se souvient que, vers 1882, des industriels s'avisèrent de créer une roulette en Andorre, sur le modèle de Monte Carlo. Ils firent des offres, promirent monts et merveilles à chaque Andorran, qui non seulement trouverait du travail bien payé à la construction de la maison de jeu, — ils avaient même parlé de chemin de fer, — mais qui aurait un emploi de quinze cents francs au moins, quand la roulette roulerait, c'est-à-dire une fortune.

Le parti français, qui était alors au pouvoir, refusa l'offre; et le conseil général assemblé déclara que jamais il n'accorderait l'autorisation pour l'établissement projeté. Le parti révolutionnaire, aidé des carlistes, s'insurgea aussitôt; le sang coula et le conseil général fut renversé et remplacé par les vainqueurs. Ceux-ci donnèrent l'autorisation et les directeurs de la future maison

de jeu, ou plutôt les actionnaires, versèrent une
somme de cent mille francs d'avance, redevance
annuelle que devait toucher l'Andorre de ce
Monte-Carlo seconde édition ; l'acte fut rédigé
par un notaire français de Prades, qui fut suspendu de ses fonctions pour ce fait. Le viguier
et les autorités françaises protestèrent. Une en-
tente se fit avec le gouvernement espagnol, qui
envoya comme nous des troupes sur sa frontière,
et l'Andorre fut bloqué. L'évêque, qui portait la
mitre depuis quelques années, et qui, cependant,
n'était pas encore venu en Andorre prêter le ser-
ment obligatoire sur les évangiles, acte par lequel il est reconnu solennellement co-prince des
vallées, s'y était rendu de suite dès que le parti
révolutionnaire, aidé des carlistes, avait triomphé.
Devant la protestation des gouvernements français et espagnol, il rusa. Sans désavouer ouverte-
ment ses amis, il s'entendit avec notre viguier,
et, au bout de quinze ou vingt jours de
blocus, les révoltés andorrans, menacés par

le reste de la population qui souffrait de ce
état de choses, capitulèrent et s'enfuirent comme
ils purent. Des poursuites étaient exercées, et
pendant que le procès s'instruisait, on procédai
à l'élection d'un nouveau conseil général. Grâce
à l'intrigue, ce furent des amis de l'évêque qu
furent élus. Les coupables furent condamnés en
suite à une centaine de mille francs d'amende
Avec l'assentiment du représentant de la France
cette somme devait servir à l'entretien d'un
milice régulière.

Jamais cette milice ne fut organisée. Les par
tisans de l'évêque gardèrent l'argent de l'amend
plus les cent mille francs versés par la Compa
gnie des jeux. Celle-ci ne put jamais rentre
dans ce déboursé qui ne lui avait servi d
rien.

C'est avec cet argent que l'évêque entretien
ses auxiliaires, qu'il achète des armes et des mu
nitions. Le pays était pacifié ; mais, au bout d
peu de temps, une partie de la population de

manda des comptes, voulant savoir où ces deux cent mille francs étaient passés, et exigeant que ce qui en restait fût employé pour le mieux des intérêts du pays. De là nouvelles querelles, et enfin, cette dernière révolution qui vient d'éclater et au cours de laquelle notre viguier a failli être tué, révolution que la mission envoyée par notre gouvernement doit apaiser.

Qu'on juge dans quel gâchis patauge ce petit Etat, qui a moins de citoyens que le faubourg Montmartre n'a d'habitants et qui ne vit que de l'élevage du bétail et de la contrebande. Ils sont là six ou sept mille mauvaises têtes qu'il n'est pas facile de mettre à la raison, à moins qu'on ne fasse intervenir le droit du plus fort. Pour faire quoi que ce soit, il faut l'accord entre l'évêque, la France, le syndic des vallées et le conseil général des représentants de la nation andorrane, ce qui est impossible à obtenir : un changement de constitution serait nécessaire, mais qui l'opérera ? Pourtant il faudra bien y arriver, sans quoi cette ridicule question s'éterniserait, et personne, pas même les Andorrans, sans en excepter les partisans de l'évêque, n'a intérêt véritable à ce qu'elle s'éternise: ce serait la ruine pour tous.

IV

Enfin ! au bout de huit jours de blocus dans
les neiges, j'ai donc quitté Porté, ses maisons
basses et enfumées, ses ruelles impraticables ! Et
me voilà en Andorre, dans la capitale même de
la république !

Eh bien ! je ne voudrais pas avoir l'air de me
poser en victime du devoir professionnel, sachant par expérience combien les *chers confrères*
sont prompts à la moquerie ; mais, en toute sin-
cérité, j'avoue que je me suis considéré comme
très sacrifié et que j'ai maudit pendant quelques
heures ma tâche de journaliste. Mon voyage aux

Ecrehou, par un temps abominable et une mer démontée, m'apparaissait en souvenir comme une charmante promenade, et le chemin de Prades à Bourg-Madame et de Bourg-Madame à Porté, me faisait l'effet d'une partie de plaisir. J'en ai vu de dures et je ne suis pas une petite maîtresse, mais jamais je n'ai tant souffert de ma vie : j'ai été éreinté, j'ai eu faim, tour à tour j'ai été gelé, mouillé jusqu'aux os, et je n'ai pas eu à compter les chutes que j'ai faites, tant elles ont été nombreuses.

Pour débuter, la nuit du départ fut blanche pour moi. Vers le soir, une trentaine d'Andorrans étaient arrivés à Porté pour servir d'escorte à la mission. Ils étaient entrés dans la cour de l'auberge en vociférant, et pendant cinq heures ils vociférèrent :

—Viva la França ! viva Andorra ! viva la Republica francesa, viva el seno Papinaud !...

Et des chansons catalanes de sujets variés, mais toujours sur le même air nasillard et trai-

nant ; des danses, sur un pas de valse très lent,
huit ou dix de ces gaillards composant l'orches-
tre et faisant avec leur bouche une barbare musique accompagnée de battements de mains ;
puis encore des vivats, des cris. Et ce bal improvisé, cette fête nocturne en l'honneur de l'envoyé de notre gouvernement, sans autre lustre
pour l'éclairer que la lune et les étoiles! En vérité, la fête était pour moi. Je savourais avec
délices cette étrangeté qui m'était inconnue.

Il y avait dans la troupe des jeunes garçons
de quinze à seize ans et des vieux au chef aussi
neigeux que les montagnes de leur pays, mais
tous sautaient, dansaient, hurlaient avec le
même entrain, sans paraître se sentir de la fatigue, bien qu'ils vinssent de fournir une traite
de treize ou quatorze lieues. C'était une joie
enfantine et sauvage : ils ne riaient pas et on
eût dit qu'ils accomplissaient un acte de haute
conscience. Tout m'intéressait vivement, jusqu'à
leur élégant et pittoresque costume — le pur

costume catalan qui n'est plus guère porté que
par eux et qui leur sied admirablement : veste
de velours marron à grosses côtes, sur le collet de
laquelle s'étale le vaste col de la chemise, rete-
nu par un foulard bariolé négligemment noué ;
gilet à larges revers, coupé par la ceinture bleue
faisant plusieurs tours et des plis de laquelle on
voit émerger le manche du *ganivete* (couteau) ;
une culotte courte à boutons serrant le genou ;
des bas bleus dans des guêtres de toile blanche
venant au mollet, ou des guêtres de laine rousse
montant jusqu'à la cuisse. Comme chaussure,
des brodequins ferrés ou des espadrilles. Sur la
tête, le bonnet rouge appelé *berettina*. Figures
couleur brique, aux traits lourds et rudes ; ni
barbe ni moustache, moins bruns de cheveux
qu'on pourrait le supposer, beaucoup d'yeux
bleus.

Mais tout lasse, même le pittoresque. Je ren-
trai dans ma chambre avec l'intention d'écrire
quelques lettres. Je dus, pour la réaliser, dé-

ployer une forte somme de volonté. Impossible
presque de retenir deux ou trois idées au milieu du vacarme ; puis, une odeur insupportable
me suffoquait : on pourrait suivre *un* Andorran à la piste, et ils étaient *trente !*

Enfin, après avoir tant bien que mal expédié
mon courrier, après avoir étendu, sur mes bot-
tines munies de clous énormes, une épaisse
couche de graisse, enfilé mes guêtres — car des
bottes ne suffisent pas dans la neige — bouclé
ma valise, je me jetai tout habillé sur mon lit.
Minuit venait de sonner, les Andorrans, malgré
leurs poumons de fer et leurs jarrets d'acier,
étaient allés s'enfoncer dans le foin, au grenier.
J'avais à peine fermé l'œil que, deux heures
après, le tapage recommençait pour les derniers
préparatifs du départ. Nous avalons un bol de
café noir largement coupé de rhum, afin de nous
tenir l'estomac en bon état, bien et chaudement
lesté, tandis que les Andorrans se bourrent de
pain et de fromage, arrosés de nombreux petits

4.

verres. Les mules portant les bagages sont déjà dans la cour ; tout le personnel de l'auberge est debout, malgré l'heure extra-matinale, et s'empresse autour de nous pour nous serrer la main et nous faire mille bons souhaits. On se croirait en famille, et ce serait presque ridicule, si l'on ne savait qu'en cette saison une traversée des Pyrénées ne laisse pas que d'être périlleuse.

A trois heures précises, houp ! à cheval !

Il faisait un temps superbe, très doux. Le ciel était parsemé d'étoiles, la lune brillait, on voyait clair. En tête marchaient les Andorrans, puis, l'un derrière l'autre et dans l'ordre suivant, M. Papinaud, votre serviteur, M. Guitard, secrétaire de la mission, et M. Darnis, commissaire spécial ; enfin, les bagages et une petite arrière-garde.

Dès que nous sortons de l'auberge, nous commençons à monter à travers les roches, les cailloux, et l'ascension durera huit heures. Tantôt nous sommes au sommet d'une crête avec un précipice de chaque côté, tantôt nous sommes au fond d'un ravin encaissé. A chaque pas, un ruisseau qui se précipite en grondant de cascade en cascade; des couches successives de roches, raides comme des escaliers, que nos chevaux escaladent sans broncher. Ils ont un pas d'une stupéfiante sûreté ; un piéton se romprait le cou dix fois pour une. Mais se tenir en selle n'est pas une petite affaire, même pour un excellent cavalier. Au fur et à mesure que nous montons, l'air fraîchit; nous retrouvons la neige qui avait fondu ces jours derniers dans le val de Porté. Nous n'apercevons plus le village que confusément derrière nous, dans un pli de terrain. Nous suivons la ligne des poteaux du télégraphe qui devait relier la France à l'Andorre et que les partisans carlistes ont abattus en partie. L'aube commence à poindre et plaque des teintes violacées sur les sommets, changeant le manteau verdâtre qui les couvre — la lumière de la lune produit cet effet sur la neige — en chape d'évêque.

De violette, l'atmosphère devient grise et tourne à
l'opale, quand nous atteignons le point culminant
du port de Puymaurens. Là, les aspérités rocheuses ont disparu sous une épaisse couche de
neige. Nous redescendons, par une pente de cinquante centimètres par mètre, au fond d'une gorge
profonde où l'Ariège, qui prend sa source un
peu plus haut, roule blocs sur blocs. M. Papinaud tombe de cheval, puis c'est le tour de
M. Darnis. Par bonheur la neige est molle. Pour
éviter semblable accident, nous mettons pied à
terre et nous allons cahin-caha, non sans rouler
de temps à autre, qui sur le dos, qui sur le flanc.
A notre droite, dans une gorge parallèle à celle
que nous suivons, on aperçoit les quelques maisons de l'Hospitalet, dernier village français.
Nous remontons à cheval et nous regrimpons
une montagne presque à pic. Il fait grand jour,
nous sommes sur la terre andorrane. A tout instant nous traversons de petits torrents coulant
traîtreusement sous la neige qui les dissimule.

Alors, chaque cheval enfonce jusqu'au poitrail.
Nouvelles chutes de M. Papinaud qui se décide
à ne compter que sur ses jambes. Son cheval a
glissé si malheureusement, qu'en se relevant il a
envoyé un coup de tête dans la figure de son cavalier, qui en reste quelques minutes étourdi. Vers
neuf heures — il y en a six que nous sommes en
route, — un brouillard compacte nous enveloppe.
Il crève. Une pluie ruisselle fine et serrée, mêlée
de glaçons. On n'y voit plus, et l'on n'avance
qu'avec une lenteur extrême. Les montures glis-
sent ou s'enfoncent à tout moment, et tous les
cent pas on fait halte pour souffler, heureux
quand c'est sur quelque roc en plate-forme qui
émerge de la neige. Les chevaux qui portent les
bagages s'abattent aussi fréquemment, et il faut
les décharger et les recharger. La pluie cesse, le
brouillard se dissipe, mais le ciel reste sombre.

Vite, avançons ! vient de crier un guide.

Et nous suivons le conseil, car si un déluge
semblable à celui que nous venons de subir nous

reprenait avant que nous n'ayons atteint le col
de Soldeo, nous resterions en détresse. La
marche est si fatigante que je préfère rester à
cheval, bien que j'aie les reins désarticulés par
les soubresauts. Quand j'ai le loisir de jeter un
regard autour de moi, je jouis d'un spectacle
splendide et d'un pittoresque inouï. De tous
côtés, à droite, à gauche, devant, derrière, les
Pyrénées dressent leurs cîmes qui se découpent
en fines dentelures au-dessus de nos têtes, à
plus de mille mètres encore. Partout des ra-
vins, des creux noirs, abîmes sans fond d'où
l'on entend monter la sourde rumeur d'un torrent de neige fondue qui se précipite vers les
vals avec furie. Et, sur la crête éblouissante de
blancheur que nous suivons, notre caravane qui
s'allonge et s'égrène, homme par homme, sur
une longueur de cinq ou six cents pas. Les bonnets rouges des Catalans font autant de taches
pourprées et mouvantes, — coquelicots dans
un champ de neige. Parfois, quand un rayon de

soleil filtre à travers le nuage, il accroche un
éclair à chaque canon de carabine qui étincelle.
Ainsi à cheval au milieu de cette troupe armée,
des gens ne sachant qui nous sommes nous pren-
draient pour des chefs de guérillas.

Jusqu'ici, nous avons gardé un certain ordre
de marche. Mais peu à peu les plus ingambes
ont passé les premiers, et quand la tête de la
colonne arrive au pied des derniers chaînons du
col de Soldeo, la queue en est à plus de deux
kilomètres. Impossible de franchir le col à cheval. Les bêtes disparaissent littéralement dans
la neige, jusqu'au garrot, et il faut des efforts in-
sensés pour les tirer de là. L'une d'elles, chargée
de plusieurs valises, glisse, s'abat et roule, en
passant, sans s'arrêter, sur un bloc de roche découvert, au bas d'une effrayante montée, à plus
de deux cents mètres. Elle ne s'est fait aucun
mal. La bise souffle sur cette hauteur à vous
couper la figure en deux. Du courage! Encore trois
cents mètres à gravir, nous sommes presque au

bout de nos peines, car nous n'aurons plus qu'à
redescendre. Pendant que les Andorrans dé-
chargent les bagages pour les porter à dos,
MM. Guitard, Darnis et moi, nous continuons
l'ascension. A chaque pas je m'arrête pour dé-
gager mes jambes prises jusqu'à la cuisse. Je n'ai
pas eu la précaution de me munir de lunettes
teintées, et la réverbération de ces blanches
masses de neige commence à m'aveugler. Je vois
danser devant mes yeux des papillons noirs et
bleus qui voltigent dans une auréole de feu. Je
suis forcé de m'arrêter quelques minutes et de
clore les paupières qui me picotent atrocement.
Je suis haletant. Enfin, je tombe plutôt que je
ne m'assieds sur le petit plateau qui forme le
sommet du col. Dix minutes de repos seulement.
Davantage serait mortel, tant il fait froid. Et
nous repartons. C'est la descente. Mais quelle
descente ! Nous roulons, nous culbutons pendant
une heure et demie au bout de laquelle nous
entrons enfin dans une région tempérée où il

n'y a plus de neige que par places, au pied de bouquets de pins rabougris. Une heure encore de dégringolade et nous apercevons, dans un étroit vallon, le village andorran de Soldeo, encore à 1 800 mètres d'altitude, où nous arrivons à deux heures de l'après-midi, c'est-à-dire au bout de quatorze heures de marche, tant à pied qu'à cheval.

Tel est le récit exact et plutôt atténué d'une traversée des Pyrénées au mois de mars. Que le hasard vous préserve d'avoir à accomplir pareil tour de force. Deux jours se sont passés et je m'en ressens encore; je suis rompu.

Soldeo, premier village andorran qu'on rencontre après avoir franchi le col de ce nom, est un véritable trou — il n'y a pas vingt maisons. Mais ce fut avec ravissement que je pénétrai dans une de ses masures informes. Délacer mes guêtres, ôter mes bottes, fut l'affaire d'un instant. Des pieds aux genoux j'étais aussi trempé que si je m'étais amusé à marcher dans un torrent. Le

5

grand feu qui flambait dans la vaste cheminée
eut bientôt raison de cette mouillure, mais pendant vingt minutes une vapeur monta de mes
vêtements aux solives du plafond : j'étais, nous
étions, car mes compagnons étaient aussi mal
partagés que moi, dans un vrai nuage. Comme
nos malles étaient restées en arrière, nous dûmes
nous pourvoir de bas de laine et d'espadrilles,
que nous payâmes plus que généreusement, sans
marchander, tant nous avions hâte d'être chaudement. Un doigt de vin d'Espagne nous récon-
forta quelque peu, en attendant le déjeuner et
aussi le « délégué extraordinaire de la République
française en Andorre », qui se trouvait encore à
deux ou trois kilomètres de là, et sur le sort duquel nous n'étions pas sans inquiétude, bien
qu'il eût du monde avec lui, notamment M. Ma-
thieu Rouan, adjoint de l'Hospitalet, montagnard
expérimenté qui accompagnait dans ce voyage
M. Alquier, correspondant de la *Dépêche de Toulouse*.

M. Alquier est ce journaliste qui, en 1882, fut si vivement reconduit à la frontière. Il se trouvait à Canillo, le soir, à l'auberge, quand six gaillards armés pénètrent dans sa chambre et lui intiment l'ordre de les suivre chez le curé du village. M. Alquier obéit, ne pouvant faire autrement. Le curé lui fait une scène violente au sujet d'articles de la *Dépêche*, où cet estimable prêtre était représenté, ce qui était vrai, comme le chef des insurgés qui avaient détruit le télégraphe établi en Andorre par le gouvernement français; puis il lui déclare qu'il va le faire mener jusqu'à l'Hospitalet, par les six hommes armés, présents à l'entretien. Notre confrère, qui se méfiait fort de cette *reconduite* et qui pouvait appréhender qu'on ne le jetât dans quelque ravin, fit remarquer au curé qu'il était responsable de tout accident, que ses amis à lui, Alquier, ne tarderaient pas à s'inquiéter s'il ne reparaissait pas, etc. C'est peut-être à cette précaution qu'il doit d'être encore de ce monde. Mais, au milieu de la nuit, il fut reconduit à la frontière, sans qu'il lui fût permis de s'arrêter un seul instant pour se reposer. Cette aventure ne l'a pas empêché de revenir cette année en Andorre : *journalisme oblige*.

M. Papinaud arriva une heure environ après nous, et assez gaillard. Naturellement, il se dévêtit, se déchaussa, se sécha comme nous avions fait, ce qui prit pas mal de temps encore, et ce n'est guère qu'à quatre heures que nous nous mîmes à table, avec les principaux notables de Soldeo.

Quelle faim ! La fatigue ne nous coupait pas l'appétit. N'ayant bu en route que quelques gorgées de vin contenu dans une outre en cuir, nous engloutissions avec rage tous les mets qu'on nous servait, quels qu'ils fussent : riz, pommes de terre, mouton, saucisses, lard, et surtout du poulet, qu'on met ici à toutes sauces, quand ce n'est pas en rôti ou en bouilli. Comme dessert, des dragées espagnoles, des amandes grillées, du

fromage à vous emporter la bouche et capable
de franchir plus vite les escarpements que le
plus agile Pyrénéen, du miel brut, et enfin, ce
que je ne connaissais pas encore, des *aurcillanes*.
Ce sont des pêches récoltées dans le pays et
qu'on fait sécher. C'est délicieux. Ainsi ratati-
nées, elles ont la forme d'oreilles, d'où « aurcillanes ». Le tout arrosé de larges lampées de vin
de la province de Lérida, qui est excellent, et de
rancio — vin qui se dépouille de sa force en
vieillissant et tourne en liqueur. Puis le café, une
collection de petits verres d'aguardiente.

Tout cela fut expédié en moins d'une heure.
Nous avions plus de quatre lieues à faire avant
d'atteindre Encamps, où nous devions coucher.

A cheval! me crie-t-on, car je suis le dernier
prêt. On se figure que je prends encore un petit
air de feu. Point du tout. Je me lamente en dé-
sespéré : impossible d'entrer dans mes bottes. Je
sacre et je jure, si bien qu'une vieille Andorrane
me regarde d'un œil à la fois alarmé et courroucé

et qu'elle fait le signe de la croix, à la dérobée,
deux ou trois fois, pour se purifier d'avoir entendu profaner le saint nom de Dieu. Mais que
je chante ou que je jure, c'est le même prix : les
bottes refusent l'accès à leur propriétaire. Il faut
se résigner. Je pars chaussé de mes sandales.
Hélas! de la boue jusqu'à la cheville, et j'ai sept
ou huit cents mètres à marcher ainsi, les mules
que nous devons monter étant à nous attendre,
je ne sais trop pourquoi, en bas du village qui
est situé sur un rocher. Çà et là, j'ai à passer de
longues traînées de neige. J'essaie de sauter de
pierre en pierre, mais ça ne me réussit pas longtemps. Mes espadrilles me font glisser, juste au
moment où je prenais mon élan pour bondir, et
je m'étale tout de mon long. Rien de cassé. Mais,
ce qui a souffert, c'est mon pantalon qu'un tailleur raccommodera plus tard, sans vouloir rien
accepter, fier de travailler pour un Français de
Paris. Il me reste un petit ruisseau à franchir,
mais le courrier andorran Thomas Martial, un

fameux lapin qui s'est pris de sympathie pour moi, me passe sur ses épaules. Me voilà en selle sur une jolie mule noire, harnachée dans le goût catalan — ornements de cuivre guilloché, pompons rouges et sonnettes.

Comme nous entrons en pays ennemi et qu'il faut se méfier quelque peu, l'escorte andorrane prend la tête de la colonne, la mission et la presse marchent au centre, les bagages derrière, avec quelques hommes. Nous suivons une étroite vallée qui va toujours en descendant, sur un semblant de chemin dont les ingénieurs du gouvernement français avaient commencé le tracé, quand ils furent interrompus dans leur besogne par les Andorrans, amateurs des sentiers de chèvres. Un torrent gronde, tantôt à notre gauche, tantôt à notre droite, car nous passons à tout moment sur de rustiques ponts de bois qui tiennent par miracle. Nos mules trottent avec une obstination dont on ne peut les guérir, même à grands coups de houssine, sur le bord extrême du chemin ; si bien qu'en nous penchant un peu, nous sommes en l'air, suspendus au-dessus de ces eaux tumultueuses où l'on serait mis en morceaux, déchiré sur les pointes des rocs où elles se brisent en écumant, si l'on y tombait.

Le paysage est d'une grâce sévère. Le flanc des montagnes est roux et parfois couleur gris de fer. De rares pins piquent çà et là leur cône de verdure sombre. Sur les cîmes, la neige compacte, dont l'éblouissante blancheur fait paraître plus foncée encore la teinte un peu triste des premières rampes rocheuses. Des nuages légers, qu'un souffle ramène et dissipe, errent à mi-côte et s'accrochent aux aspérités qui les trouent par places. La vallée sinueuse, contournée, ressemble à un labyrinthe sans fin. Toujours se dresse devant nous une haute barrière qui nous ferme l'horizon. Mais le sentier, montant, descendant, longe l'obstacle et serpente, suivant les capricieux contours des montagnes. Parfois, au milieu du torrent, un énorme bloc de basalte est assis, inaccessible îlot. Sur l'un d'eux, relié à la terre par une passerelle branlante, une église en ruines, dominée par un clocher carré, percé de fenêtres cintrées, coupées en deux par une frêle colonnette, nous annonce qu'un village est proche; et nous le voyons bientôt, au premier détour, perché comme un nid d'aigle sur une exiguë plate-forme, à quelques centaines de pieds du lit du torrent. C'est San Juan.

Nous approchons de Canillo. Cette paroisse, dont le curé est en fuite, est toute dévouée au parti démocratique. Nous pénétrons dans le village. Toute la population est rassemblée sur une petite place bordée d'arbrisseaux. Les hommes, en grand costume national, drapés dans la cape aux raies multicolores, armés de trabucos, d'escopettes et quelques-uns de remington. Les femmes portent le jupon bleu foncé ou rouge, bordé d'une frange, froncé à petits plis. Sur la tête la capuche noire. Les enfants, même les tout petits, dès qu'ils peuvent se traîner, sont habillés comme leurs parents. Ils sont là trois ou quatre cents Andorrans, sur cette place qui s'élève en gradins, groupés dans les poses les plus diverses. Le tableau est extraordinaire de lignes et de couleurs.

M. Papinaud a passé en sautoir l'écharpe tricolore. Il s'avance à cheval, au milieu de la foule, et lit en catalan une proclamation débordante d'éloquence méridionale.

— Viva la Francia!

Nous répondons : Vive l'Andorre! Et tous ces hommes nous entourent, nous serrent la main. On apporte le vin d'honneur, que nous buvons sans quitter la selle, en nous dressant sur les étriers pour porter le *brindi*. L'unique verre circule de rang en rang et nous revient une seconde fois. — Il ne faut pas faire la petite bouche. Puis on nous offre du gâteau et des dragées. Les jeunes filles présentent au délégué un fruit du pays, grosse pomme rouge percée d'aiguillettes de bois où sont accrochés des figues et des pruneaux, le tout orné de faveurs multicolores. L'effusion est très grande. Les cris de : vive la France! éclatent à tout instant. C'est vraiment émouvant.

Nous partons. La vallée, qui s'est élargie à Canillo au point de laisser place à quelques bouts de prairies, se resserre. La nuit vient peu à peu. Les brumes qui flottaient se font plus denses et cachent complètement les sommets. Une petite pluie fine tombe par intervalles. Nous côtoyons incessamment la fougueuse rivière de l'Embalire, en suivant un sentier rocailleux qui fait à chaque pas trébucher les mules. La mienne boite de la jambe de devant hors-montoir; j'ai toujours le bras gauche levé pour la soutenir avec les rênes; deux ou trois fois elle s'abat sur les genoux, et peu s'en faut que je ne passe par-dessus sa tête. La végétation devient plus drue. Saules, bouleaux, chênes-liège tapissent le roc, et nous passons entre deux haies de buis géants qui nous masquent la vue et dont l'odeur amère et tonique nous ragaillardit. Il fait nuit. Nous ne sommes pas loin d'Encamps, terme de l'étape. Soudain l'obscurité se raye de traits de feu, suivis de détonations stridentes qui se répercutent d'échos en échos. Le son devient grave, on dirait qu'un orage vient d'éclater subitement.

C'est une fusillade qui devient de plus en plus nourrie. Très inquiet, je laboure les flancs de ma bête à grands coups de talon, pour rejoindre mes compagnons, — car je suis resté derrière eux, en traînard, — afin de m'informer. J'en suis quitte pour l'émotion. Ce sont les hommes de notre escorte qui tirent des salves pour annoncer notre arrivée, et les gens d'Encamps leur répondent de la même façon. Les Andorrans aiment, comme les Arabes, à faire la *fantasia*. C'est égal, une balle perdue pourrait bien nous arriver, et nous trouvons le jeu d'un goût douteux.

Enfin, nous voici à Encamps.

Hommes et mules, l'escorte et les voyageurs, tout s'engouffre dans l'étroit corridor d'une maison fantastique, pleine de coins et de recoins, d'escaliers en échelle de meunier. Pour un peu, si ce n'était l'amour-propre, je demanderais qu'on me porte. J'ai les jambes roides, l'articulation des genoux ne fonctionne plus. Une fois assis devant un grand feu de bois, je crois que rien ne m'en ferait partir. Un peu séchés, nous nous mettons à table, mais nous mangeons du bout des dents. La fatigue a, cette fois, tué la faim.

M. Papinaud et les attachés à la mission sont allés coucher dans la maison du bayle français. Je reste seul à l'auberge de maître Mas, capitaine de notre escorte. Trois ou quatre Andorrans, écorchant un peu le français, me tiennent conversation, s'interrompant pour faire des réflexions en catalan. Je vois qu'ils se moquent de moi, qu'ils rient de mon allure dégingandée dès que je veux faire un pas.

Parbleu ! il ne sera pas dit qu'un Parisien aura eu l'air d'une poule mouillée devant des

Andorrans! J'empoigne de chaque main un fusil,
que je mets à bras tendu en le tenant par le bout
du canon; puis je saute par-dessus des chaises, je
fais le bras de fer et le chêne fourchu; je marche
sur les mains... Bref, cette acrobatie, qui manquait de dignité cependant, me place très haut
dans l'esprit des spectateurs, qui ne rient plus et
dodelinent de la tête pour me signifier que ce
que je viens de faire là est très fort. Flatté et sa-
tisfait, mais brisé, je clos la représentation et je
monte me coucher... au grenier qui, chaque soir,
est transformé en dortoir. Il y a sept lits, sept
dormeurs qui ronflent à en réveiller des sourds.
Pas moyen de fermer l'œil, et mon lit étant
sur un plan incliné — tout a l'aspect d'une
montagne en ce pays — sitôt que je m'assoupis
un peu je me retrouve au pied de ma couche, et
il me faut regrimper au sommet. J'ai fait ce ma-
nège plus de vingt fois. D'affreux cauchemars me
tracassent dans mes courts moments de sommeil:
le sang m'afflue à la tête ; je rêve coups de fusil

et coups de couteau. Il me semble qu'on marche à pas de loups dans le grenier, que des hommes à figure sinistre entourent mon lit, et je me surprends — j'en ris encore — assis sur mon séant, le revolver au poing, inondé de sueur froide. Je frotte une allumette. Tout est paisible. Mon confrère de la *Dépêche* repose tranquille, les Andorrans dorment comme des souches, et même ils ronflent moins. Je me traite d'idiot, d'imbécile, mais rien n'y fait. Je ne puis dormir, j'ai une fièvre ardente, résultat de la fatigue ; c'est elle qui m'a causé ce délire, et ce n'est qu'à l'aube seulement que je puis sommeiller.

Voilà ma première journée et ma première nuit en Andorre.

Le lendemain matin, vendredi, nous remontions à cheval. Le départ fut signalé par un accident assez grave qui arriva à M. Darnis. En s'élançant en selle, le pied lui glissa et il tomba si malheureusement qu'il demeura plus d'un quart d'heure sans connaissance. Les bonnes femmes

du village poussaient des *Mara da Deo !* à fendre l'âme, qui témoignaient en faveur de leur
sensibilité. Notre ami avait au milieu du dos une
ecchymose large comme la paume de la main.
On lui fit un pansement à l'arnica, — la mission
emporte, excellente précaution, une pharmacie
de voyage, — et il put être hissé sur sa mule. Il
se ressent encore de ce choc.

En deux heures nous arrivions en vue de *las Es-*
caldas. C'est le village rebelle dont les gens tirè-
rent sur notre viguier et qui assiégèrent toute une
journée Andorre-la-Vieille, en compagnie d'autres
dissidents. Nous n'étions pas sans appréhensions.
Mais tout était silencieux, personne dans les
ruelles étroites que nous longions, ruelles surplombées par les balcons, les pignons et les
avant-toits des maisons, et où l'on aurait pu
nous massacrer jusqu'au dernier. Notre escorte, bien armée et nombreuse, le titre de la
mission, imposaient aux habitants qui, au fond,
n'avaient peut-être aucune intention malveil-

lante. Cependant, j'avoue que je scrutais anxieu-
sement les murailles pour voir si, par quelque
fente, ne brillerait pas soudain le canon d'une
carabine, prêt à riposter. Mais je n'apercevais de
temps à autre que la figure ridée d'une vieille
Andorrane, dont la curiosité surmontait la peur,
et qui apparaissait brusquement à une lucarne,
pour disparaître aussitôt dès qu'on la regardait.
Quelques gamins nous suivaient cependant, tendant la main en nous demandant *un cuarto*.
Avec eux, il faut sans cesse avoir la main à la
poche.

Las Escaldas est le plus curieux, le plus pittoresque village que j'aie vu, depuis que j'ai mis le
pied en Andorre. Il est bâti à l'extrémité de la
gorge que nous avons suivie jusqu'ici, gorge si
étroite qu'on dirait une fissure de la montagne et
qui, s'élargissant brusquement, forme un vaste
cirque au centre duquel est située Andorre-la-
Vieille. Il occupe un coin, le fond de ce cirque,
et ses maisons, s'élevant par gradins, s'étagent les

unes sur les autres, à une hauteur de deux ou
trois cents mètres au-dessus de l'Embalire qui le
traverse en bouillonnant. Quelques-unes de ces
maisons, dans la rue principale, forment des
voûtes aussi noires qu'un tunnel de voie ferrée.
Cette rue monte et descend, suivant les caprices
du sol, au hasard de l'entassement des blocs sur
lesquels elle court. Il faudrait un rude combat
pour s'emparer de vive force de ce village.

Dès que nous avons dépassé *las Escaldas*,
nous retrouvons ce gai et beau printemps qui
nous avait souri dans la plaine de Prades. La
vallée a une largeur de sept ou huit cent mètres.
De vertes prairies semées de marguerites et de
boutons d'or, sillonnées de ruisselets, rameaux
de la rivière l'*Embalire*, avec des saules, des
frênes qui commencent à porter de petites
feuilles. L'aubépine est fleurie; les amandiers,
les pêchers tachent de rose et de blanc les escarpements roux et gris des montagnes. L'air est
embaumé. Des bouquets de chênes-verts, dont

le feuillage grêle et de teinte un peu effacée résiste aux rigueurs hivernales, sont comme jetés çà et là. Des parcelles de terre cultivée, blé ou seigle, tenues en équilibre, sur les premières pentes de la montagne, par des murs de soutien, étalent leur verdure claire. Au loin, les toits d'ardoise d'Andorre-la-Vieille reluisent aux rayons du soleil, car le temps est admirable. Des hirondelles voltigent à tire-d'aile. C'est charmant. Cette partie de l'Andorre mériterait d'être visitée et admirée par tous les touristes du monde.

A onze heures, nous faisions notre entrée solennelle dans la capitale andorrane, où nous étions reçus par M. Bonaventure Vigo, le viguier français, heureux de nous voir enfin atteindre le but d'un aussi pénible voyage.

V

Puisque les événements vont *todo lentamente*
et que la politique en est encore aux longues
finasseries, voici quelques aperçus rapides sur
l'Andorre et la vie andorrane. Le mot n'est pas
trop gros, car les gens de ce pays diffèrent autant
des Catalans que des Français, bien qu'ayant
quelques rapports communs avec les uns et les
autres. La seule nouvelle importante, et elle est
d'un médiocre intérêt, c'est que M. Papinaud a
notifié à l'évêque d'Urgell la mission dont il est
chargé par notre gouvernement. *El ilustrissimo*

y eccellentissimo senor Casanyas a fait répondre par son délégué permanent, le prêtre Lino Freixa, que Sa Grandeur, tout en ignorant le but de la mission de l'envoyé français, croyait devoir rappeler que rien ne pouvait se faire en Andorre sans le gracieux consentement de la mitre de la Seo d'Urgell. C'est net et clair, et je me demande comment M. Papinaud sortira de cette difficulté.

La capitale de ce pays, *Andorra-la-Vieja*, a l'aspect d'une petite ville, tandis que les autres centres n'ont bien l'air que de pauvres villages. Les maisons y sont plus confortables, plus propres. Il s'agit, bien entendu, des maisons des gros bonnets de l'endroit et non de celles des paysans de la classe inférieure, car il y a ici une aristocratie et une plèbe. Les maisons des uns, régulièrement construites, sont teintes du haut en bas en couleur jaune claire, avec des ornements peints à la fresque, macarons, losanges, arceaux et autres fioritures ; chaque fenêtre a, comme en Espagne, son balcon, soit en bois travaillé, soit en fer forgé. Il y en a une trentaine dans ce goût. Les plus belles sont sur la grande place où est situé le séminaire, bâtiment carré, percé de larges fenêtres cintrées et surmonté d'un mirador ; la *casa* du syndic, — président de la République — l'abattoir et la prison. Dans un angle de la place, une fontaine et un lavoir à ciel ouvert. Les maisons des pauvres n'ont guère coûté que l'effort de leurs bras aux propriétaires. Ce sont des blocs de rochers superposés, qu'on va prendre à la montagne. Ni ciment, ni mortier, — de la terre gâchée avec de l'eau. Pour toiture des ardoises brutes, consolidées avec de grosses pierres. Rarement un balcon, en bois grossièrement travaillé. Deux étages au plus. Peu de fenêtres et pas de vitres, — des volets pleins. L'intérieur ressemble à l'extérieur, c'est lamentable. Les meubles sont mieux que le reste. Il y a trois ou quatre ébénistes dans le pays. Armoires et bahuts sont solides, luisants, ornés de serrures ayant assez de cachet. Les chaises en

paille, dont les montants sont peints en bleu ou
en noir, ont une certaine coquetterie. Des images
de saints aux murailles. Chez les riches les pièces
sont spacieuses, hautes de plafond. Le luxe s'y
révèle par des rideaux, le plus souvent rouges;
par un lit bas, qui sert de canapé, lequel est recouvert d'une espèce de housse en percale, à ra-
mages; et par une plus grande abondance de
tableaux de sainteté, de crucifix, de chapelets.
Et chez plus d'un, dans le salon, la première
chose qui frappe le regard est une châsse abritant
une vierge toute pinturlurée et toute enguirlan-
dée de fleurs en papier doré. Chez d'autres, c'est
dans une niche pratiquée dans le mur, qu'est
placée, entre deux chandeliers, la statuette. Dans
la demeure du syndic, c'est une véritable dé-
bauche d'objets religieux : on se croirait chez un
marchand de la rue Saint-Sulpice.

C'est dire que les Andorrans poussent le culte
du culte jusqu'à ses dernières limites. Pour ça, ils
tiennent bien de l'Espagne. Cependant, ils savent

résister quelquefois au clergé, quand ils croient qu'il y va de leurs intérêts. Il y a quelques années, ils eurent des difficultés avec leur évêque, et celui-ci, pour les amener à récipiscence, retira tous ses prêtres. Les Andorrans tinrent bon pendant douze ans. Quand ils avaient besoin d'un curé, ils allaient le chercher en France ou en Espagne. Ça leur coûtait cher, certainement, mais ils préféraient encore ce moyen terme à une capitulation. L'évêque finit par mettre les pouces, c'est-à-dire par rendre à l'Andorre ses *parrochos*. Un excommunié ne pourrait pas vivre parmi eux. Un pauvre diable qui avait voyagé en France et qui passait pour être franc-maçon, dut quitter le pays. Tout le monde va à la messe, communie avec entrain. Et je suis allé à la messe comme tout le monde un dimanche matin, pour voir. J'étais avec notre viguier, le délégué français et sa suite, qui y allaient, eux, par diplomatie. Naturellement, on nous avait réservé des places d'honneur, que nous dûmes occuper, car l'église était

tellement bondée de fidèles qu'on n'aurait su où
se mettre. Je savais que cette petite cérémonie
durerait longtemps, mais je pensais que si ça
m'ennuyait trop fort, je pourrais faire un somme
sans avoir l'air de rien. Cette combinaison était
trop simple pour qu'elle réussît. Un moment
avant l'ouverture, un bedeau vient vers nous et
donne à chacun — nous étions cinq, le viguier,
MM. Papinaud, Darnis, Guitard et moi — un
cierge allumé. Je pris le mien, et ce fut à cause
de ce cierge que je restai éveillé d'un bout à
l'autre de la messe, qui dura deux heures. Le
suif, quand j'avais un instant de distraction, me
coulait sur les mains et me brûlait, ou bien je
maculais de larges taches jaunâtres la magnifique
et honorable redingote noire de M. l'Envoyé extraordinaire. Du reste, il fallait que je suivisse
le mouvement des « assis et des levers ».

Une solennité catholique est ordinairement un
spectacle intéressant, quand ce ne serait que
comme mise en scène. Mais ici ce n'était pas ça.

L'église, toute tendue de serge noire ; l'autel où trois rangs de bonshommes demi-nature, en bois découpé et peint, représentaient les âmes dans le purgatoire, — derrière chaque portant, des chandelles allumées simulaient les flammes ; — ces *dominous vobiscoum* de l'officiant, qui fit un interminable sermon sur le danger de mourir impénitent, sermon en langue catalane coupé de mots latins prononcés à l'espagnole ; le recueillement comique des Andorrans, quand ils regagnaient leur place, — ils furent plus de cent cinquante à communier ; — tout cela m'agaçait et j'avais d'autant plus envie de rire qu'il m'était expressément recommandé par le viguier d'être très sérieux. Il ne faudrait pas s'aviser de faire une farce, ce qui serait inconvenant et ridicule, du reste, on se ferait écharper en sortant. — Il n'y aurait plus d'amis, tout le monde vous tomberait dessus. Mais je passerais le reste de ma vie en Andorre, que la messe ne me verrait plus. C'est assez d'une fois.

Pour en finir avec la ville, elle est bâtie sur un rocher appuyé contre la montagne, au nord, et elle est orientée du nord-ouest au sud-ouest. Elle domine la vallée d'une centaine de mètres environ. Ses rues sont étroites et cailloutées; les porcs, les poules y circulent librement. Des nuées d'enfants piaillent du matin au soir, et les femmes jacassent à perte d'haleine, d'une porte ou d'une fenêtre à l'autre. Andorre-la-Vieille possède trois réverbères qu'on éclaire les jours de fête. Le va-et-vient est assez grand. Chaque habitant a au moins un âne, les gens aisés ont des mules; et ce sont de par les rues des processions de ces animaux, — les voitures étant inconnues, — chargés de bois, de légumes, de quoi que ce soit, quand ils ne servent pas de monture. Ils sont très beaux et harnachés avec coquetterie; les clochettes et les grelots dont ils sont décorés à profusion, font un tintamarre assourdissant. C'est surtout le matin, quand les Andorrans s'en vont aux champs, à la montagne ou aux villages voisins, et le soir

quand ils reviennent, qu'on entend ce joli con-
cert. Mais dès que la nuit est venue, l'animation
cesse. Les volets sont clos, les portes fermées et
barricadées, aucune lumière. A neuf heures tout
le monde dort. La seule clarté qui troue la profonde obscurité de la rue où je demeure, provient
de la *posada* de Pepe. C'est mon aubergiste et
c'est aussi mon ami. Il parle à peu près français
et nous faisons d'interminables conversations,
car cet hôtelier modèle dîne et soupe avec moi,
en tête-à-tête, pour que je ne m'ennuie pas. Le
soir, lorsque je vais chez le viguier, il m'accompagne avec une lanterne. Cette précaution n'est
pas superflue : une nuit, étant sorti seul, j'allai
me jeter entre les pattes d'un cochon qui dormait,
philosophiquement vautré dans une flaque de
boue, enveloppé dans les ténèbres. Je trébuche,
j'entends de féroces grognements qui me causent
une belle peur, ne sachant à qui j'avais à faire,
tant il faisait noir, et craignant d'avoir sous les
pieds quelque pochard andorran. Pepe et sa

6.

femme sont aux petits soins pour les voyageurs
que la providence leur envoie. Son auberge est
propre — c'est la seule qui ait ce mérite, je
crois — et je la recommande aux Parisiens que
leurs affaires amèneraient en ce pays. J'habite
une chambre très convenable, coupée en deux
par des rideaux de cotonnade formant alcôve,
avec un beau balcon d'où la vue est superbe.
Cette chambre est située au-dessus de celle qu'oc-
cupa le colonel Yung, qui resta en Andorre
plusieurs mois, il y a trois ou quatre ans, et qui
y a laissé de bons souvenirs. La table est bonne,
et la maîtresse du logis s'ingénie à la rendre meil-
leure, en inventant des chatteries pour le dessert,
qui est très varié. Mais il lui arrive parfois de
servir des plats invraisemblables et stupéfiants
par leur nouveauté. Bien fin qui dirait ce que
c'est. Un jour, à souper, elle apporta quatre têtes
d'agneau baignant dans une sauce rousse. Les
yeux étaient encore dans leur cavité et ils avaient
l'air de regarder les convives avec une dolente

expression. Ce n'était pas beau à voir et je ne pus manger. On aurait dit des têtes d'enfant et j'eusse cru, en y goûtant, me livrer à quelque détestable repas d'anthropophage.

Ce soir-là, me ressentant encore de la fatigue des jours précédents, je m'étais plaint à Pepe d'un violent point de côté qui me tourmentait beaucoup. J'avais fini de dîner. Je vois entrer dans ma chambre un individu en bras de chemise, le gilet entr'ouvert, coiffé d'une casquette, qui s'avance vers moi en me tendant la main et en me disant :

— *Como la pasa usted ?*

Prenant cet homme pour un Andorran curieux d'échanger quelques paroles avec un Parisien, mais un Andorran déjà *raffiné* puisqu'il parlait purement le castillan, je réponds par la banale phrase d'usage :

— *Gracias. Bien, muy bien, caballero.*

Et je vois mon individu ouvrir des yeux énormes qui me regardaient d'un air tout ahuri.

— *Que se offrece, señor ?* lui dis-je.

— *Pero soy el medico !*

— Ah bien !...

Pepe était allé chercher le médecin, et le familier personnage que j'avais devant moi était le docteur.

La consultation ne fut pas longue. Il me conseilla de mettre un thapsia, ce que je ne fis pas; mais, en revanche, la conversation, toute politique, dura une heure et demie. La visite était de quinze sous, — le numéraire a une haute valeur, en Andorre. Inutile de dire que je payai plusieurs fois ce prix. Celui qui bénéficia du tout fut Pepe, car le médecin espagnol, charmant compagnon, du reste, alla s'attabler dans la salle commune de la posada, s'offrit plusieurs tournées de rancio et d'aguardiente, et perdit le reste de sa monnaie dans une partie de manille.

Il y a un autre médecin dans les vallées, mais c'est un médecin officiel, payé quinze cents francs l'an sur le budget andorran.

Au demeurant, les Andorrans sont assez aflables et leur politesse est sans égale. En route, chaque fois qu'on en croise quelques-uns, ce ne sont que *buenos dias* ou *buenas tardes* à n'en plus finir. On peut voyager le jour en toute sécurité. Mais la nuit, c'est bien autre chose ! comme dit la chanson de la « Petite mariée ». Les coureurs de frontières rôdent dans la vallée et l'on peut considérer toute rencontre comme mauvaise. Les jours de fête peuvent devenir et deviennent quelquefois des jours sanglants. Quand les Andorrans ont un coup d'aguardiente dans la tête, ils se battent comme des acharnés, sans rime ni raison, pour le plaisir, et les couteaux sont de la partie. Dans ces bagarres, un étranger peut attraper une estafilade. C'est surtout dans les moments de crise politique que de semblables mésaventures sont à redouter.

Tout est calme et, une heure après, le pays peut être bouleversé. Aussi les habitants se gardent-ils avec un soin méticuleux. A Andorre-la-Vieille, où l'on craint un coup de main des partisans carlistes, dès que la nuit est venue, les maisons sont barricadées, comme je viens de le dire, et des patrouilles font le tour de la ville, qui n'est protégée que par les murs des jardins, — et parcourent toutes les rues. Les habitants ne dorment que d'un œil. Ainsi, un soir que je manifestais à Pepe mon peu de confiance en la vigilance de la patrouille : — « Vous pouvez être tranquille et bien dormir, me dit-il ; j'ai mon fusil à côté de moi, et mon pistolet et mon couteau sous mon traversin. Dès que j'entends un peu de bruit, je me lève. »

Vous devez penser, d'après cela, si je ferme l'huis à double tour et si je place mon revolver à portée de ma main.

Il est tout à fait certain que si le parti carliste ne tente pas un coup de force contre Andorre-la-Vieille et la mission, c'est par peur des représailles que la France pourrait exercer, si l'on touchait à un de ses représentants, envoyé extraordinaire en Andorre. Mais cela pourrait arriver tout de même. L'évêque de la Seo d'Urgell a tout intérêt à brouiller les cartes; il sait bien qu'il est inattaquable, puisqu'il est en Espagne, et que s'il y a de la casse, ce sont les Andorrans qui la paieront, ce dont il se soucie fort peu, et son délégué permanent, Lino Freixa, encore moins. Ce dernier est un homme instruit, très intelligent, et qui a jusqu'ici roulé tous nos diplomates envoyés en Andorre.

Les premiers jours de notre arrivée, la délégation avait une garde d'honneur; mais M. Papinaud la licencia pour éviter des frais. Seulement, en cas d'agression, notre délégué et les membres de sa suite ont pris des précautions. Ils habitent la viguerie, maison fortement construite, ils ont des fusils et des munitions, et, avec notre viguier, M. Vigo, son fils, jeune homme de dix-huit ans, quelques Andorrans dévoués, ils pourraient résister jusqu'à ce que des secours arrivassent. Ils n'ont à craindre qu'une surprise.

Le viguier français, M. Bonaventure Vigo[1],
est un homme d'une quarantaine d'années, au
visage coloré, encadré dans une barbe poivre et
sel, frisottante, qu'il porte longue. Les yeux sont
noirs et vifs, les sourcils épais. Haute taille,
figure énergique. Depuis quatre ans qu'il est en
Andorre, M. Vigo a bien prouvé qu'il était à la
hauteur de sa tâche. Sa bravoure, lorsque, con-
duisant son prisonnier en France et attaqué aux
Escaldes, il n'en continua pas moins de s'avancer
sans armes contre ceux qui tiraient sur lui, en im-
posa aux Andorrans qui n'aiment à s'aligner, pour
la plupart, que quand ils sont trois ou quatre
contre un, et frappent toujours à l'improviste :
cinquante pantalons rouges mettraient à la raison
tout le pays.

L'Andorre est formé par une vallée principale,
que suit un cours d'eau appelé l'Envalire[2], sur
laquelle viennent se greffer quelques vallées plus

1. Il s'est suicidé, quelques mois plus tard, alors qu'ayant
démissionné il avait été nommé juge de paix à Saillagouse.
2. Ou : *Embalire*. L'orthographe n'est pas fixée.

petites. Il est divisé administrativement en six paroisses : Andorre, Canillo, Encamps, Massana, Ordino, San Julia. Chaque paroisse compte un village et quelques hameaux. La plus forte est celle d'Andorre qui compte treize cents habitants; la plus faible est celle d'Encamps qui n'en a que six cents. La population totale s'élève à six mille âmes. La paroisse est dirigée par un consul *mayor*, assisté d'un consul *menor* et d'un consul élu. Elle est maîtresse de la moitié de ses revenus, l'autre part appartient à la vallée. L'Andorre n'a pas de budget proprement dit. Quand la République a besoin d'argent, le consul général fait un appel aux paroisses, qui doivent fournir la même quotité, quel que soit le nombre des habitants de chacune d'elles. Il y a quatre sortes d'impôts : la cote personnelle qui est d'environ vingt-cinq centimes par an; l'impôt sur les terres qui ne porte que sur celles où l'on cultive du grain et des légumes; — les prairies qui occupent le fond de la vallée et qui sont

7

les terres qui rapportent le plus, lesquelles appartiennent aux riches propriétaires, ne paient rien; — la dîme, qui se prélevait en nature, il y a peu d'années encore, sert à entretenir le *parrocho* (curé de paroisse) et fournit la redevance à l'évêque, indépendamment des 360 francs de tribut que celui-ci touche par an; enfin, la patente dont les aubergistes et cabaretiers sont frappés, patente d'une quarantaine de francs. C'est une somme de trente à trente-cinq mille francs que ce petit peuple débourse annuellement. Elle est affectée à l'entretien des ponts, des quelques chemins rustiques reliant les localités; à l'endiguement rocheux de l'Envalire qui, sans cela, emporterait les prés et les terres arables; à payer les redevances aux co-princes et surtout à nourrir le conseil général qui, lorsqu'il se réunit, vit aux frais de la vallée — et les Andorrans ont bon appétit. C'est le seul traitement que reçoivent les députés, quand ils siègent, ainsi que le syndic et les autres autorités : toutes

les charges étant gratuites. Les représentants du
co-prince français n'ont jamais usé de ce droit
d'être hébergés aux frais de l'Andorre; ils accep-
taient un banquet d'honneur dont ils fournis-
saient le dessert — c'est encore une mode andorrane, — mais ils s'en tenaient là. L'évêque,
qui veut exercer jusqu'au bout ses prérogatives,
se fit nourrir pendant huit jours, lui et sa suite
de soixante-dix prêtres, quand il vint en Andorre,
il y a trois ou quatre années. Il accepte même
avec empressement, poulets, dindons, fromages,
libéralités forcées qui ont lieu tous les deux ans.

Le conseil général est élu à la pluralité des
voix. Mais le suffrage universel n'est pas pratiqué,
les *cap de casa*, chefs de maison, ont seul le droit
de vote, si tout le monde est éligible. Cette cou-
tume provient de ce que le droit d'aînesse existe
encore dans ce pays. Quand un cadet se marie, il
reçoit une petite dot de son aîné, qu'il a servi
jusque-là comme domestique, et il fonde à son
tour une nouvelle famille. Mais tant que le père

existe, il est le maître et seul il exerce des droits
politiques. Aussi beaucoup d'Andorrans s'expa-
trient-ils. La maison est tout. Quand elle change
de propriétaire, le nouveau prend le nom de
l'ancien, qui l'avait pris lui-même de ses prédé-
cesseurs, et ainsi toujours en remontant dans la
nuit des temps. C'est la maison qui donne le
nom à l'homme, le nom de famille de celui-ci
n'est en quelque sorte qu'une superfétation. Or,
comme tout clan est nombreux, chacun de ses
membres est désigné par un sobriquet.

Je n'ai pas encore eu l'occasion de voir fonc-
tionner le Parlement andorran, puisque le pouvoir exécutif, redoutant de le voir assemblé,
refuse de le convoquer. Mais connaissant bien le
cérémonial qui préside à ses réunions, pour en
avoir maintes fois entendu décrire les « merveilles », voici comment cela se passe.

Au fur et à mesure que chaque conseiller pénètre dans la *casa de la valls* — palais des vallées
— il commence par changer de chaussure et

troque ses espadrilles contre une paire de souliers abondamment ferrés, dont il a eu le soin de se munir en quittant la maison. Lorsque tous les membres sont arrivés et qu'ils se sont ainsi chaussés — l'étiquette leur interdit de siéger en sandales — ils passent leur longue robe noire officielle, coiffent leur énorme tricorne et vont assister en corps à la messe du saint Esprit, qui se dit dans une petite chapelle faisant partie de la *casa* de la vallée même. À partir de ce moment, l'accès du « palais » est rigoureusement interdit aux profanes. Personne ne rend compte des débats, le journalisme n'existant pas en Andorre. De leur côté, les conseillers ne peuvent plus sortir jusqu'à ce que la session soit close : qu'elle dure un mois ou deux, les *illustres* n'ont plus le droit de franchir le seuil de la *casa*. Cela ressemble assez à un conclave.

Je ne connais pas le menu qui sert à réconforter le « sacré corps » réuni pour l'élection d'un pape, mais je connais celui qui compose les repas d'honneur des députés de l'Andorre. Immédiatement après la messe, le conseil général se rend dans la salle des banquets, contiguë à la salle des délibérations. Une table en fer à cheval est dressée. Pas de nappe, de la vaisselle d'étain. Entre chaque couple de convives est placé un *porron*, où l'on boit à la régalade, à tour de rôle. L'usage des verres, quoique connu depuis longtemps en Andorre, n'a pas encore pénétré dans cette arche sainte des vieilles coutumes qu'on appelle la *casa de la valls*. Les Andorrans considèrent toute innovation comme nuisible à leurs privilèges — qui datent de Charlemagne, auquel ils rendirent service, alors qu'il guerroyait contre les Sarrazins — et pouvant porter atteinte à leur indépendance. On sert un plat unique : des boyaux et des foies de mouton en fricassée, assaisonnés de piments rouges et de safran, fricassée cuite dans un immense chaudron de la contenance de soixante litres, suspendu à la crémaillère d'une vaste cheminée carrée, tenant toute la pièce qui sert de cuisine. Et jusqu'à ce qu'il ne reste plus trace de ce gigantesque festin, les conseillers ne quittent pas la place et ne se lèvent que pour faire avec recueillement, mais quelques-uns la bouche pleine, la prière prescrite, lorsque sonne l'Angelus de midi.

Dès que les assiettes sont nettes, on entre dans la salle des séances, ornée de l'inévitable tableau religieux, une *Descente de croix*, enfermé dans une niche—placard dont on clot les battants quand le conseil se retire ou ne siège plus. Le long des murs nus, des bancs de bois; près de l'unique fenêtre, trois fauteuils en paille, pour le président et les syndics. Une table. Deux heures après, nouveau festin composé de pommes de terre en salade, et de congre salé, frit dans l'huile, le plus horrible mets qu'on puisse manger. On rentre en séance. A quatre heures, renouveau repas : cuisses d'agneaux rôties. A cinq heures la séance est reprise jusqu'à huit. On repasse alors dans la salle à manger et l'on soupe d'un potage au macaroni, cuit avec des volailles diverses et de la viande de mouton. Puis des pommes de terre, des choux, des truites, du mouton rôti, complètent ce souper.

Lorsque messieurs les députés sont bien repus, — on se demande comment ils s'y prennent pour absorber pareille quantité de victuailles, — ils font en commun la prière du soir, chacun accroche au porte-manteau, dans la salle même des délibérations, la robe et le tricorne, et va se coucher.

La *casa de la valls* est pourvue de six chambres — une par paroisse ; — dans chaque chambre il y a deux lits et chaque lit reçoit deux conseillers. Les deux syndics — le président et le vice-président de la République — couchent chez eux et emportent, pour plus de sûreté, la formidable clé du palais national.

Le lendemain, à l'aube, le syndic revient au milieu du conseil et la journée se passe absolument comme la précédente, sauf que la messe est remplacée par deux repas en plus! Et c'est toujours ainsi, sans qu'un iota soit changé à cette belle ordonnance : on mange et on délibère ; on délibère et on mange.

Il est vrai que les députés andorrans ne touchent pas d'appointements, qu'ils ont même à subir des amendes relativement fortes : une absence non justifiée, 20 francs; un retard pour entrer en séance, quand la cloche a sonné, 20 sous, payés sur-le-champ. Donc, rien d'étonnant qu'ils cherchent à se rattraper sur la nourriture, qui leur est libéralement octroyée par la République.

Système économique, mais quelle hécatombe de moutons si on l'adoptait chez nous, et quel chaudron !

Le commerce d'exportation du pays se fait surtout avec la France; il consiste en mules, vendues principalement dans l'Ariège, et en bestiaux. Mais l'importation est presque toute espagnole. Les Andorrans trop pauvres pour commercer,

7.

font la contrebande l'hiver. La culture est de
peu d'importance et la terre est très chère.
Beaucoup de chèvres, de porcs, de poules, de
moutons. Le miel est exquis et il est très abon-
dant. Les ruches consistent en un tronc d'arbre,
creusé par le haut, recouvert par une large feuille
d'ardoise ; on en voit partout dans les rochers
des premiers échelons de la montagne. On cultive le tabac, et les Andorrans le préparent assez
bien ; mais ils le préfèrent non préparé, de là
l'épouvantable odeur qui infecte leurs vêtements
et leur personne, odeur que j'attribuais, les premiers jours, à un coupable oubli des plus simples
ples lois de l'hygiène.

Chaque citoyen est soldat et il peut être
convoqué en armes, soit par le syndic ou le
vice-syndic, soit par l'un des deux viguiers représentant l'un des co-princes. Autrefois, les Andorrans n'avaient que de méchantes escopettes,
mais, le progrès aidant, le plus grand nombre
est armé maintenant de fusils Remington. Cha-

que paroisse a un capitaine de milice, ayant sous
ses ordres des dizainiers. La police est exercée
par ces soldats improvisés. La semaine dernière
ils ont arrêté un Espagnol qui avait violenté une
fillette de neuf ans et qui, détail horrible, l'avait
éventrée à coups de couteau. Le misérable est, en
ce moment, dans l'espèce de chaumière qu'on
appelle la prison. Je l'ai vu. C'est à peine si les
entraves qu'il a aux pieds pourraient l'empêcher
de courir. Or, la porte de la prison est ouverte
et le prisonnier n'est gardé que par deux vieux
bonshommes, avec lesquels il fait tranquillement
la causette. On le nourrit copieusement, et le
tabac lui est fourni à satiété. L'herbe à Nicot est
considérée, en Andorre, comme faisant partie de
la nourriture. L'enquête est faite par notre viguier, mais reste à savoir quand le criminel sera
jugé, le conseil des Corts ne pouvant se réunir,
parce que le viguier de l'évêque est en fuite,
réfugié à la Seo, depuis le triomphe du parti
français. S'il est condamné à mort, il subira sa

peine sur le pont de l'Envalire. C'est le *garrotte* qui fonctionne ici, comme en Espagne, et c'est un bourreau de ce pays qui vient procéder à l'exécution [1].

Telle est à grands traits la physionomie de l'Andorre. Dans un précédent chapitre, j'ai dit quelle est sa constitution.

Le peuple est très ignorant et vit avec la plus extrême simplicité. Seuls, les riches du pays sont un peu au courant de ce qui se passe au-delà des montagnes — ils lisent quelques journaux français et espagnols et les noms des hommes politiques influents des deux pays leur sont connus. Cependant, les premiers jours, on me prenait ici pour le ministre de la justice, confon-

[1]. Ce criminel fut condamné, quelques jours plus tard, par notre viguier assisté d'un avocat espagnol — le viguier de l'évêque se trouvant toujours à la Seo, où il s'était réfugié après la victoire du parti progressiste — à quatorze ans de travaux forcés. Il fut conduit en France sans difficulté, alors que la translation d'un autre meurtrier avait causé une révolution, ainsi que nous l'avons dit. Il subit sa peine à la Nouvelle-Calédonie.

dant le journal et le ministère : c'est d'une jolie
naïveté. Le sol est riche en minéraux qui pourraient donner lieu à une importante et fructueuse exploitation. Ses eaux minérales atti-
reraient beaucoup de malades et de touristes.
Mais il faut des routes, et l'évêque, qui en
voulait bien quand il s'agissait d'établir en
Andorre une maison de jeu, n'en veut plus. Son
co-prince, le gouvernement français, appuyé sur
la volonté des habitants, peut en doter le pays;
il n'a pour cela qu'à déployer quelque peu de
fermeté.

Demain samedi se réunit à San-Julia le conseil
général, dont la majorité est carliste; il est probable qu'on y discutera beaucoup, mais qu'aucune décision ne sera prise.

Le conseil devait se réunir, selon l'usage, en
costume officiel — grand manteau noir tombant
jusqu'aux pieds et vaste chapeau tricorne — à
Andorre-la-Vieille. Mais il n'a pas osé, par crainte
d'un coup de force. La méchante grange qu'on

appelle pompeusement la *Casa de la Valls,*—où la seule chose remarquable est l'écusson sculpté de la République, mi-partie aux armes de la mitre d'Urgel et du comté de Béarn, mitres et vaches avec cette devise : *Virtus unita fortior* — ne retentira pas du bruit des délibérations.

VI

MŒURS ET COUTUMES. — LA FEMME ANDORRANE. — DÉPART.
SANTA COLOMA, SAN JULIA, LOS CARABINEROS.

Depuis l'arrivée de la mission française en ce
pays, la politique est entrée dans une période
de calme relatif. La violence a fait place à l'intrigue. En ce moment, il s'agit, pour les partis en
présence, d'avoir la majorité au conseil général
de la vallée. Le parti français l'emporterait si
l'illégalité n'avait pas entaché les dernières élections partielles — le conseil est renouvelable par
tiers tous les deux ans, — et voici comment. A
la suite de la révolution de 1882, un certain
nombre d'électeurs de la paroisse de Canillo

avaient été condamnés à différentes peines. Ils
furent l'objet d'une amnistie du gouvernement
français, amnistie que l'évêque ratifia. Mais
celui-ci, lors des élections de Canillo, ne voulut
considérer la mesure d'apaisement que comme
une simple grâce; les bulletins des amnistiés furent biffés, l'élection déclarée nulle et les anciens
députés de Canillo, tous carlistes, continuèrent
à exercer leur mandat, en vertu de la loi électo-
rale du pays. M. Papinaud a le droit et le devoir
de valider ces élections pour faire respecter l'amnistie décrétée par la France. Alors, le parti du
progrès, ayant la majorité au conseil général et
appuyé par le représentant de notre gouvernement, co-prince d'Andorre, ces deux pouvoirs
unis triomphent des résistances du troisième ;
l'évêque est réduit à l'impuissance ; quelques
modifications heureuses peuvent être introduites
dans la Constitution andorrane, des routes sont
tracées, la poste créée, et cet humble pays, en
retard de trois siècles, bénificie de la civilisation

moderne et rentre dans les conditions ordinaires de la vie générale des peuples : il échappe à cet état d'anarchie qui l'appauvrit de plus en plus.

Seulement, pour prévenir un retour possible des réactionnaires au pouvoir et détruire l'influence néfaste des prêtres — les curés des villages andorrans sont tous des anciens chefs de bandes carlistes qui ont fait pis que pendre sous les ordres de Saballs — il faudrait, ainsi que je l'ai déjà dit, qu'un résident français fût établi en Andorre. Ce projet est à peu près arrêté. Le choix du terrain où serait bâtie la maison de ce résident est fixé. Elle serait pour ainsi dire le centre du parti progressiste, car notre viguier y demeurerait également, les bureaux de la poste et du télégraphe, desservis par des Français — aucun Andorran n'étant capable de remplir de pareils emplois — y seraient installés. La dépense ne serait pas grosse ; en tous cas, elle serait assurément moindre que celle que nous faisons depuis nombre d'années pour des

missions qui n'ont aucun résultat sérieux. Cette
solution est la seule, à moins que nous n'abandonnions le protectorat sur l'Andorre, ce qui
simplifierait les choses. Mais cela ne se peut
pour deux raisons. La première est toute de
sentiment. Nous ne pouvons refuser notre appui
à un pays malheureux, notre voisin immédiat,
d'autant que depuis des siècles nous le lui devons en vertu des traités et des traditions. Cette
raison, d'une haute valeur morale, ne suffirait
peut-être pas à convaincre certains esprits ;
mais la seconde, toute matérielle, est décisive.
Plusieurs cols débouchent de l'Andorre en
France, dans l'Ariège et les Pyrénées-Orientales.
Or, l'Espagne convoite les vallées, et une partie
de l'opinion publique de ce pays, au moins en
Catalogne, désire l'annexion de l'Andorre. Les
derniers événements ont fait ouvrir une campagne dans nombre de journaux de la péninsule en
faveur de l'annexion, s'appuyant sur ce fait que
l'Andorre est située sur le versant méridional des

Pyrénées et que l'évêque d'Urgell, tout co-souverain indépendant qu'il soit, est sujet espagnol. Et ce n'est pas, bien entendu, pour sa richesse que l'Andorre est convoitée par l'Espagne, mais pour sa position stratégique. Le sol andorran recèle d'abondants gisements de fer faciles à exploiter, des eaux thermales, sulfureuses, alcalines, ferrugineuses qui pourraient donner lieu à la création d'établissements balnéaires. Mais l'Espagne n'en saurait guère tirer parti, elle qui laisse la fertile Cerdagne et une partie de la Catalogne sans autres voies de communication que des chemins de mulets, ceux qui sont décorés du nom de routes étant presque impraticables dès qu'il pleut.

Ce n'est pas que nous pensions avoir à redouter quelque agression de la part de l'Espagne ; nos relations sont bonnes avec nos voisins, chez qui les Français sont sûrs d'un sympathique accueil. Mais *Quien sabe ?* comme on dit *tra los montes.* Il y a donc toute dignité et tout intérêt pour la France à conserver sa suzeraineté sur l'Andorre, et elle ne peut en exercer les droits que par les moyens que je viens d'indiquer et que réclament les Andorrans éclairés, avec lesquels j'ai eu l'occasion de m'entretenir : ils veulent rester libres, mais ils désirent ardemment voir leur pays à l'abri des révolutions qui le désolent.

Maintenant, cette solution — qui peut traîner encore quelque temps, si l'on veut suivre trop exactement la bizarre légalité andorrane, c'est-à-dire tenir compte des prétentions de l'évêque et des carlistes dont il s'entoure — pourrait aboutir promptement, si quelque événement, toujours facile à prévoir en ce pays, décidait notre gouvernement à agir avec fermeté. Le parti français, las d'attendre, impatient de réformes, pourrait tenter un mouvement pour renverser le conseil général. Le parti épiscopal, qui ne croit pas à une énergique intervention de la France, pourrait de son côté faire une prise d'armes afin de rentrer à Andorre-la-Vieille. Dans les deux cas notre gouvernement serait contraint de prendre une décision ; mais en admettant une attaque carliste sur la capitale de l'Andorre, où la mission extraordinaire française serait assiégée et par conséquent en danger, le ministère ne pourrait faire autrement que d'envoyer dans les vallées une ou deux compagnies — ce serait assez — pour rétablir l'ordre et assurer la sécurité du représentant français. D'où le désarmement général de l'Andorre, l'installation immédiate d'un résident et une tranquillité parfaite. Cet incident pourrait se produire lors du rétablissement du télégraphe, coupé, comme on sait, par les partisans de l'évêque, en 1882. Ce travail sera exécuté dès que la saison le permettra, quelles que soient les réclamations de la mitre d'Urgell. D'après les pareages et certaines conventions moins antiques, le co-prince français a le droit de créer un service de courriers pour correspondre avec son viguier et ses représentants. Le meilleur courrier, le courrier moderne, c'est

le télégraphe, et nous en userons. Le service
n'en sera public que sur la demande du conseil général, sinon le télégraphe ne servira qu'à
la transmission des dépêches administratives, au
grand regret des habitants qui commercent quelque peu avec la France.

Espérons que les carlistes andorrans mettront
les pouces et auront la sagesse de comprendre
que doter leur pays d'une bonne route, le relier
au reste du monde par un fil électrique et par un
service postal, sera pour eux-mêmes très profi-
table et qu'ils n'ont qu'à s'incliner.

En voilà assez, j'espère, de ce résumé sur la
politique andorrane que javais un peu éparpillée
dans mes notes. Je pourrais m'en tenir là, puisque
le but de mon voyage est atteint et que, si quelque
événement intéressant surgit, je serai averti
des premiers, grâce à l'obligeance de mon ami
Pepe, qui écrit assez bien le castillan et qui s'est
chargé de m'envoyer les nouvelles toutes fraî-
ches.

Mais je cède à la tentation de résumer les dernières impressions que m'a laissées l'Andorre, ce joli pays au si joli nom, dont les naturels valent à la fois plus et moins que leur réputation, et au désir de relater mon retour par la Seo d'Urgell, à travers la fertile et pittoresque Catalogne.

S'il me fallait raconter mes excursions dans les villages des alentours de la capitale, les menus mais curieux incidents de ma vie en Andorre, les multiples mais peut-être superficielles observations que j'ai recueillies sur les habitants, faire le récit d'une chasse bien amusante, j'écrirais un gros bouquin.

A propos de chasse, je me souviens de la surprise que j'éprouvai ce jour-là.

J'étais avec le fils de M. Vigo, sur le bord d'un marécage où barbotaient des canards sauvages, et nous attendions que ceux-ci fussent bien à portée de nos fusils, quand mon compagnon, ayant tourné la tête du côté du sentier qui traverse la vallée, me dit :

— Voilà le facteur qui passe, avez-vous une lettre à faire partir?

Je regardai et ne vis qu'une petite fillette d'une huitaine d'années, qui trottait pieds nus, s'en allant dans la direction de l'Espagne.

— Où ça, le facteur? On m'avait dit qu'il n'y avait pas de poste en Andorre!

— Mais si, me répondit-il. Quand un indigène veut envoyer une lettre, il la remet chez votre aubergiste, qui la remet à cette petite fille, laquelle va jusqu'à San Julia. Là, une autre fillette ou une vieille femme prend la correspondance et la porte jusqu'à la Seo d'Urgell. Vous voyez le cabas avec lequel cette petite fille s'amuse à faire des moulinets? Eh bien, c'est la boîte de ce facteur improvisé!

Je jurai bien que je n'aurais jamais recours à la poste andorrane.

Les trois ou quatre dernières journées que j'ai passées à Andorre-la-Vieille m'ont semblé longues. Les repas s'ouvrant toujours par l'iné-

vitable *olla podrida*, la correspondance, les pro-
menades aux environs et mes essais de croquis —
il faut bien tuer le temps n'importe comment —
mes visites à la viguerie le soir, les conversations
singulièrement panachées avec les *cap grossos*[1] de
la capitale, les parties de manille avec des cartes
catalanes qui sont, entre parenthèse, fabriquées
à Paris, ne suffisaient pas à les remplir d'une
façon satisfaisante. On ne peut séjourner en
Andorre, il n'y faut que passer, et je plains de
tout mon cœur le futur résident et même la mission actuelle, qui pourrait bien ne revenir que
dans deux ou trois mois.

Comme l'homme n'est bien nulle part, je
connais nombre d'excellents esprits qui, las de
Paris et de son tourbillon monotone, aspirent au
calme réparateur de la province, aux joies tranquilles d'un horizon borné et d'une existence
ronronneuse, toujours la même. Ils s'en lasseraient
bien vite : c'est dans une petite ville que l'on

1. Grosses têtes, équivalent de « gros bonnets ».

8

sent le plus immédiatement l'inconvénient qu'il
résulte du contact continuel avec des hommes
qu'on connaît trop vite et trop bien, et dont
le caractère, étroit comme l'enceinte de leur cité,
finit par communiquer un insupportable dé-
goût. Et encore, dans une petite ville française,
a-t-on quelques ressources intellectuelles; on
peut rencontrer des gens aimables, une société
polie. Mais en Andorre, rien de pareil. On a
affaire à des paysans ignorants, potiniers comme
partout, dont la somnolente inertie peut se trans-
former tout à coup en brutalité, qui n'ont pour
eux que leur probité et la chasteté de leurs
mœurs, vertus propres à tous les montagnards.
Je me demande comment un délicat pessimiste
pourrait vivre dans ce pays, où il ne pourrait
échanger avec quiconque, en des phrases harmonieuses et en termes choisis, le chagrin qu'il a
d'être au monde et d'y voir clair. Il n'aurait
même pas, comme compensation et pour atténuer
le mal qui le ronge ce dont il est si friand à

Paris : une table bien servie, des femmes élégantes et les mille colifichets artistiques qui consolent et réjouissent ses yeux. On l'entretiendrait du prix des mules, des malices de la politique de village, et ce serait tout : le divin Schopenhauer est encore inconnu dans les vallées, où il n'est d'autre souci que celui du manger et du boire. Puis l'Andorrane n'est pas l'être exquis, fait de grâce et de charme, câlin et méchant, doux et féroce que nous détestons et que nous aimons, que nous redoutons, mais que nous recherchons passionnément. C'est la femelle selon les lois de la nature, féconde, robuste et travailleuse, dévouée et fidèle à son mâle et à ses petits, qui portera sur ses fortes épaules cinquante kilos pendant des heures entières, quand la contrebande va bien sur la frontière et que le mari a besoin d'aide.

Dans l'extrême jeunesse, elle serait presque belle et attrayante, si elle connaissait la moindre coquetterie : de grands yeux noirs, un teint brun qui ne cache pas le sang rose courant sous la peau, une chevelure rude mais épaisse et longue, une bouche un peu grande mais bien meublée — tous et toutes ont des dents magnifiques — une poitrine superbe, une taille élégante, assise sur des hanches bien développées. Mais en deux ou trois ans, la fillette de quinze printemps devient la femme aux traits durs et aux membres trapus, capable de supporter les plus rudes travaux; le teint s'est flétri, la peau durcie aux implacables soleils des étés et aux cuisantes bises des hivers. Et encore, en admettant que la moins tannée de toutes, celle qui a conservé quelque reste de cette beauté du diable si vite disparue, tente l'étranger, qui n'a plus de points de comparaison, il en serait pour ses peines et le risque de voir ses galantes entreprises closes par l'intervention fâcheuse du *gavinele*[1] : la femme se montrerait rebelle à ses discours; le mari, le père, un frère, un fiancé rappellerait promptement à cet étranger, en lui enfonçant un couteau dans les côtes

1. Couteau.

ou dans le dos, que l'amour, en Andorre, n'est pas seulement « l'échange de deux fantaisies et le contact de deux épidermes », mais que c'est un contrat à vie, passé devant le curé de la paroisse, et sanctifié par le septième sacrement. Il faut donc être marié ou être dans l'âge des frimas, ou bien encore avoir fait vœu de continence absolue, pour habiter l'Andorre, dont les mœurs sont si différentes de celles de la Catalogne, où, sauf la lame aiguë d'un rival jaloux, l'amour n'a que des caresses et jamais de rigueurs pour ses fervents.

Je prie de croire que ce n'est pas cette dernière raison — mais les autres — qui me faisait m'ennuyer en ce pays. Du reste, quoi qu'on en dise, on n'est bien nulle part, dès qu'un séjour se prolonge. En voyage, — il faut toujours aller de l'avant, — il faudrait même ne jamais revenir sur ses pas :

> En Juif-Errant marcher sans trêve,
> Courir jusqu'à son dernier jour,
> Voilà l'irrésistible rêve !
> — Le vrai voyage est sans retour

8.

Et comme je ne voyais aucun événement sail-
lant en perspective, que les coups de fusils au-
gurés se faisaient trop attendre, je suis parti
vendredi matin, 2 avril, à cinq heures. Il faisait à
peine jour et tout le monde était levé. Je saluai
en passant le maître d'école qui rase, dans les
intervalles des classes, le menton des citoyens
d'Andorre-la-Vieille ; il était déjà, ce Figaro
doublé d'un savant, blaireau et rasoir en main ;
trois ou quatre écoliers, ses élèves, le contem-
plaient d'un air ravi, — la boutique n'a ni vitres
ni volets — attendant l'ouverture de la maison
scolaire et, sans doute, souhaitant au barbier un
nombre extravagant de clients, empêchant le professeur de professer. Le fabricant de chaises
maniait fébrilement la doloire, râclant les morceaux de bois arrondis destinés à servir de montants. La forge du maréchal-ferrant flambait, et le
lourd marteau faisait jaillir des nuées d'étincelles
du fer incandescent. Le tailleur à la mode, — ils
sont trois à Andorre, — un cumulard, lui aussi,

avait déposé sur un siège la veste de drap marron qu'il était en train de coudre, pour tondre à ras, avec les mêmes ciseaux dont il avait
taillé l'étoffe de ce vêtement, un petit ânon tout
velu, que cette toilette faisait piétiner rageuse-
ment. Des ménagères lavaient et tordaient le
linge, au bord même d'un ruisseau, au bas de la
montée, près des dernières maisons de la
ville.

On est matinal en Andorre.

Le premier village que je rencontrai, après
une heure de marche, est Santa Coloma, qui possède une église en pierres sèches, de la fin du
onzième siècle, très plaisante en sa fruste simplicité. On traverse la rivière de l'Envalire sur un
pont hardi d'une seule arche, en dos d'âne, qui
date de la domination sarrazine. Puis bientôt
j'atteignais le village carliste de San Julia, où le
conseil général devait se réunir dans l'après-
midi. San Julia était très tranquille, contraire-
ment aux avis reçus la veille à Andorre, où l'on

affirmait que plusieurs caisses d'armes et de munitions étaient arrivées d'Espagne. Ce village est très commerçant, à cause de la proximité de la frontière ; sur la grande place qui est très gentillette, chaque maison possède sa *tienda*. Les rues sont en escaliers, semées de roches, et ma mule, qui devait me jouer de si mauvais tours, s'y comportait fort mal : elle trébuchait à chaque pas, ce qui est fort fatigant pour le cavalier. Quoi qu'on sût très bien que j'étais Français, ennemi par conséquent, je n'eus à supporter aucune avanie. On me regardait plutôt curieusement que méchamment. Néanmoins, je fus enchanté quand j'eus franchis la porte fortifiée qui ferme le village, et que je me trouvai de nouveau en pleine montagne. Deux heures après, ayant constamment suivi la vallée resserrée où coule l'Envalire, j'arrivai au bord d'un petit cours d'eau, limite de l'Andorre et de l'Espagne. A une demi-heure plus loin se trouve le premier poste de douane espagnole. *Los carabineros* ayant boule-

versé ma valise de fond en comble et s'étant con-
vaincus qu'ils n'avaient pas affaire à un contre-
bandier, je pus aller déjeuner dans une petite
posada, contiguë au poste des douaniers et
l'unique maison du lieu, avec mon guide et Pepe,
qui avait voulu m'accompagner jusqu'à la frontière, et qui prit congé de moi en promettant
bien de me revoir quelque jour... à Paris.

C'est ici que se termine ma pérégrination en
Andorre; le reste de mon voyage est relatif à
mon retour par la Seo et la magnifique plaine de
la Cerdagne espagnole.

VII

LA CERDAGNE ESPAGNOLE. — LA SEU DE URGELL. — LOS BAÑOS
DE SAN VINCENTE. — DERNIÈRE ÉMOTION. — LES ROUTES
ESPAGNOLES.

Il faudrait avoir l'esprit bien de travers pour
se plaindre de la fatigue au prix de laquelle un
touriste peut parcourir, enthousiaste et solitaire,
cette partie de la chaîne des Pyrénées, l'Andorre, un coin de la Catalogne et la Cerdagne
espagnole — province de Lleyda — pays si pit-
toresques et d'aspects si variés. Autant l'Andorre, sauf le creux des vallées, est une terre
sévère et triste, visitée par la mélancolie, avec
ses montagnes dénudées, couleur de fer, teintée
par places de la verdure sombre des maigres fo-

rêts de pins, et aux sommets couronnés de
neige les trois quarts de l'année, aux gorges
étranglées où la lumière bleuie n'a l'air de pénétrer qu'avec peine, autant la Catalogne est riante
et belle ainsi que la Cerdagne.

Dès que l'on a quitté la frontière andorrane et
dépassé le poste espagnol de Farga de Molas,
les montagnes se transforment en collines, les
flancs ravinés et pierreux en terrains de culture.
Les pâturages sont plus abondants, et l'on rencontre de grands troupeaux de moutons. Chaque
bête porte au cou sa sonnette, ce qui fait un tintamarre joyeux. On croise de temps à autre, sur
les étroits sentiers tracés par le pied du passant,
un convoi de mules chargées d'outres pleines de
vin, provenant du Lérida. Les villages n'ont pas
un grand cachet de richesse et ne rappellent en
rien nos jolis bourgs de la Normandie ou de la
Bourgogne, mais ils sont animés. L'homme a ici
une plus grande activité que dans les régions
que je laisse derrière moi : sur le bord de l'En-

valire, quelques scieries mécaniques sont éle-
vées. Déjà, au-dessous de San Julia, j'ai remarqué une localité où se trouvait une vaste exploitation de bois. Des troncs d'arbres, dépouillés de
leur écorce, étaient lancés au courant de la rivière, qui les emportait l'un après l'autre au hasard de ses capricieux méandres et des bonds
fantasques de ses ondes, jusqu'aux scieries situées
à trois ou quatre lieues de là. Parfois les arbres
se mettaient en travers du torrent, s'accrochant à
quelque aspérité rocheuse, et formaient un inat-
tendu barrage que les flots escaladaient en mu-
gissant. Les villages sont, tantôt d'un côté tantôt
de l'autre, aussi au bord de la rivière, mais toujours perchés sur quelque élévation d'où ils do-
minent le val. C'est chaque fois un pont à passer
avec l'inévitable droit de péage pour ma monture, le guide et moi, de quatre *cuartos*. Le
chemin, tout agréable qu'il soit, ne laisse pas
que d'être fort accidenté; il s'élève parfois à une
hauteur de cinq ou six cents mètres pour retom-

ber brusquement au niveau de la rivière bougonneuse. Il fait très chaud. Ma mule, ayant bu l'eau glacée d'un petit rio, souffre de violentes tranchées; son ventre ballonné ne me dit rien qui vaille, elle pointe les oreilles, elle bute et s'abat sur les genoux à plusieurs reprises. Je suis forcé de mettre pied à terre et mon guide prend ma valise sur ses épaules, passée dans une énorme canne de buis que j'ai coupée dans un taillis. Ma mule, alors, débarrassée de sa double charge, allonge si bien le pas que j'ai de la peine à la suivre. Je la rattrape cependant plusieurs fois, pour grimper sur son dos, quand un rio se présente. Mon guide les passe philosophiquement à pied, avec de l'eau juqu'à la ceinture, quand il ne trouve pas un arbre jeté en travers et pouvant lui servir de passerelle. Je dois même faire comme lui pour traverser une de ces petites rivières, ma mule l'ayant passée avant moi et ayant disparu dans un fourré où l'attire l'herbe tendre. Par chance, la rivièrette n'est pas trop grosse et je ne prends qu'un bain de pied jusqu'au mollet. Mais l'eau est bigrement froide et ce bain m'est fort désagréable. Ce n'est que deux heures après que je pus remonter en selle, ce qui me fit un sensible plaisir, la marche, dans ces cailloux, étant plus éreintante que l'équitation. Nous nous arrêtons dès qu'une occasion se présente, et nous prenons à la *posada* un verre de vin ou d'aguardiente, pour étancher notre soif. Partout j'entends les maîtres du logis poser cette question à mon guide, en me désignant :

— *Ingles ?*

Dans ce pays tout voyageur est un Anglais et les habitants ont si peu l'habitude de voir des gens d'une autre nationalité, qu'ils prennent pour un fils d'Albion tout étranger.

En voyage je me sens devenir presque chauvin, et je réponds avec une nuance de satisfaction assez prononcée :

— *No, señor, soy frances.*

Mais le bon Catalan hoche la tête et paraît peu convaincu.

Vers onze heures, au tournant d'une montagne encore abrupte et qui semble barrer la vallée, s'ouvre devant moi une vaste étendue de plaine. A peu près au centre de cette plaine, isolées, trois montagnettes se dressent, hautes à peu près comme le Mont-Valérien et comme lui défendues par des forts. Sur les flancs de la colline principale, des maisons s'élèvent en amphithéâtre. Au pied, s'étendant paresseusement dans les champs, une petite ville, hérissée de tours et de clochers : c'est la Seo d'Urgell et sa *llagnada* qui lui fait une ceinture de fleurs. Au mois de juin, quand tous les arbres sont feuillus, ce doit être admirable. En ce moment, les pêchers, les abricotiers, les lauriers, les cerisiers, — dans les champs et dans les jardins clos de haies où les aloès, les buis, les romarins se disputent le sol nourricier, — étalent leurs multiples bouquets blancs et roses. Les prairies sont

jonchées de pâquerettes et de jaunes narcisses.
Le blé et le maïs grandissent vigoureux et verts.
Les bataillons de la vigne alignent leurs ceps
tordus. L'horizon est limité par des montagnes
aux formes adoucies, dernières ondulations des
Pyrénées, montagnes d'un bleu foncé sur le ciel
bleu clair, dont les lignes harmonieuses me rappellent les Alpes italiennes qui bordent le lac
Majeur et le lac de Lugano. C'est une nature à
peu près la même.

Par malheur pour moi, je ne puis jouir longtemps de ce merveilleux tableau. Un orage,
comme il s'en forme si brusquement dans les
régions montagneuses, amoncelle de lourds
nuages qui noient bientôt, dans un véritable
déluge, les délicates floraisons de ce paysage
printanier. Je laissais ma mule satisfaire sa
gourmandise et tondre l'herbe nouvelle et les
jeunes pousses des buissons, et elle allait selon
son caprice d'un bord de la route à l'autre bord,
tandis que mon Andorran, roulé dans sa cape,

s'était allongé, les pieds au soleil, la tête à l'ombre d'un saule, pour griller son éternelle cigarette. Les premières gouttes de pluie arrachent le guide à sa béatitude, mais l'ondée rafraîchissante ne dérange pas la mule de son cher régal. Je la réveille en lui faisant sentir le genou et la bride. Nous partons au grand trot ; mais si rapide que soit l'allure, quand je descends dans la cour de l'*Hostal*, je ne dois plus avoir, comme premier souci, que le soin de me faire sécher.

L'hôtelière parle français, — elle est d'un village de la vallée de Carol, — ce dont je suis fort aise, car la pluie paraît avoir lavé ma mémoire, comme elle a lavé mes vêtements; et je serais bien embarrassé pour retrouver les quelques mots de catalan nécessaires pour demander à boire et à manger.

— Voulez-vous faire maigre?

C'est la première question qui m'est posée.

— Pourquoi ?

— Mais c'est aujourd'hui vendredi !

Je ne tiens guère à la viande, et comme j'ai très faim et qu'une hérétique exigence retarderait l'heure de mon repas, je réponds que ça m'est égal.

On m'introduit dans la grande salle où le couvert est mis. Une demi-douzaine d'officiers sont déjà en train de jouer de la fourchette. Tous font maigre : morue aux détestables pois chiches, omelette à l'huile, puis encore pois chiches — c'est le fond de la nourriture — accommodés à l'oignon cru; puis des confitures à couper au couteau et des pâtisseries, sèches comme du biscuit de mer. Tous ces officiers, avec qui je finis par faire la conversation dans un castillan impossible, en m'aidant d'un dictionnaire de poche, sont libéraux et ne cachent pas leurs tendances républicaines ; mais ils font maigre par habitude et puis, manger de la viande, un vendredi, pourrait nuire à leur avancement. Ils ne se plaisent pas beaucoup dans ce pays, où les distractions sont nulles. Je demande à l'un d'eux comment il occupe le temps non consacré au service.

— A lire, me répond-il.

— Et que lisez-vous ?

— *Don Quijote.*

Cervantes fait encore les délices des lettrés espagnols. Ils le connaissent par cœur, mais n'importe, ils y reviennent toujours. Les modernes romans français, dont il existe des traductions, ne paraissent leur plaire que tout juste.

Ces officiers sont très affables, surtout quand ils savent à quel journal républicain j'appartiens. Si l'évêque, en cas de prise d'armes carliste, tentait de livrer la ville, comme il fit il y a quelques années, il n'aurait pas beau jeu. *El Obispo* n'a pas les sympathies des militaires de la Séo. Son prédécesseur, el señor Caxal, est celui qui fit assassiner un prêtre avec des raffinements de cruauté dignes d'un inquisiteur — ce malheureux eut les parties sexuelles brûlées à la flamme des cierges — et qui mourut à temps pour éviter les poursuites judiciaires que la famille de la victime menait activement. Mais on m'a certifié que cet évêque, imitant l'exemple historique de Charles-Quint, se fit passer pour mort, assista, sous un déguisement, à ses propres funérailles, afin d'échapper à une ̶ ̶ ̶ ̶able condamnation, et qu'il vit encore, ca ̶ ̶ ̶ ̶s un village perdu de la montagne. Des habitants de Bourg-Madame m'ont dit l'avoir vu plusieurs fois dans cette localité.

L'Espagne est le pays romanesque par excellence.

Il est trois heures. La pluie torrentielle a cessé. Le soleil resplendit. En route, pour gagner l'étape où je coucherai! Seulement, au lieu de prendre le chemin de traverse, je vais et viens au hasard dans la ville.

La Seo d'Urgell pourrait contenir six ou sept mille habitants, elle n'en a pas la moitié. Le palais de l'évêque, qui ressemble à une citadelle, avec ses tours crénelées; le séminaire, les églises, les couvents, tiennent le tiers de l'emplacement.

9.

Les maisons très vastes n'ont qu'un nombre restreint de locataires. Ces maisons sont hautes, délabrées, peintes la plupart en jaune foncé, percées de fenêtres très distantes, ayant chacune leur balcon. Du côté des jardins et des ruelles donnant sur la campagne, ces fenêtres sont solidement grillées; çà et là, dans la muraille, la fissure d'une meurtrière indique bien que la ville connaît la guerre. Quelques touffes de giroflées sauvages, des pariétaires, croissent dans les crevasses de ces longs murs tristes. Dans la grande rue, les maisons assises sur les piliers forment une arcade de chaque côté, ne laissant qu'une étroite chaussée pavée de blocs de roche mal équarris, au milieu de laquelle coule un filet d'eau. Point de voitures, mais des mules, des ânes, des chevaux, au harnachement prodigue en pompons, portant charge ou cavalier. Beaucoup d'allants et venants dans cette rue, comme sur les places irrégulièrement tracées : hommes et femmes du peuple — les hommes en veste et

en culotte courte, la ceinture de laine rouge ou
bleue autour des reins, la *berrettina* écarlate sur
la tête; les femmes, en jupon s'arrêtant au-dessus
de la cheville, avec le foulard bariolé sur les
épaules et un autre emprisonnant la chevelure
rebelle, dont les boucles brunes débordent par
dessous; des senoras plus élégantes, portant la
mantille ou la capuche, quelques-unes très jolies.
— Celles-là je les vois s'engouffrer une à une,
tenant à la main un livre de prières et un chape-
let à gros grains, sous le portail sombre d'une
église. C'est l'heure des vêpres et les cloches son-
nent à toute volée, lugubrement. Voici des moines
déchaux, sales et dépenaillés; parfois un prêtre
dont la démarche, volontairement benoîte et dis-
crète, n'en trahit pas moins l'orgueil de l'homme
d'Eglise devant qui tout le monde s'incline. Je
vois une adorable fillette saisir la main de l'un de
ces ruffians — long, maigre, ridicule sous sa sou-
tane lustrée par l'usure et sous son énorme chapeau de Bazile — et la lui baiser dévotement.

Des soldats circulent par groupes, le bonnet de police crânement posé sur l'oreille, presque élégants. Mais, malgré cette animation, aucun bruit, si ce n'est celui du carillon appelant les fidèles à la cérémonie des vêpres. Le silence est le caractère de cette vieille ville espagnole, qui a l'air d'être morte et de n'avoir pour habitants que des ombres. J'ai constaté cette tristesse dans les villages et les bourgades que j'ai traversés en passant. Cette tristesse et la luxuriance de la campagne environnante forment un étrange contraste.

Avant de quitter la Seo, j'entre dans une église — j'aurais voulu les visiter toutes, quoique extérieurement elles ne soient pas d'une remarquable architecture, mais le temps me manquait, — et après avoir descendu sept ou huit marches, je me trouve dans un caveau si sombre, où le jour était à dessein si parcimonieusement ménagé, que je ne vois absolument que les confuses silhouettes de croyants prosternés, et je me sauve bien vite pour retrouver en plein champ la lumière et la gaîté.

Peu à peu, la plaine se rétrécit, les montagnes se rapprochent. Voici de nouveau la gorge encaissée où roule la Sègre, rivière torrentueuse qui reçoit l'Envalire à la Seo d'Urgell même, avant d'aller grossir l'Ebre. Pourtant, de temps à autre, j'aperçois un hameau hardiment campé sur un sommet. Malgré les escarpements, partout des arbres fruitiers. Ils sont si enchevêtrés que j'ai l'air de me promener dans un vaste parterre de fleurs, qui mêlent leurs aromes à la forte senteur du thym. Plus haut, la montagne est dorée par les massifs de genêts et d'ajoncs, aux grappes d'un jaune éclatant. Par places, les rochers surplombent le sentier et forment voûte; à d'autres, la déclivité est molle et de longues coulées de terre, d'un ton tantôt rouge, tantôt mauve, colorent curieusement ce paysage déjà si coloré. Le soleil couchant promène dans le ciel des lueurs pourpres, et ses derniers rayons étincellent sur la croupe neigeuse d'une montagne qui apparait brusquement, dans une perspective éloignée. Tout cela, bien à moi tout seul, — car mon guide ne m'a pas adressé la parole depuis les quinze heures que nous allons côte à côte, — me plonge dans une joie sereine; je suis aussi épanoui que la nature en cet avril pyrénéen, et je comprends que de telles heures rachètent tout ce que la vie a de détresse et de monotonie.

La nuit vient. Les cimes sont encore éclairées, alors que le fond de la vallée est déjà enténébré. Je recommence à sentir la fatigue, et c'est avec infiniment de plaisir que je vois une grande bâtisse, passée au lait de chaux, dont la blancheur fait tache dans l'obscurité.

C'est *los Baños de San Vincente*, un établissement thermal isolé dans la montagne, à plusieurs lieues de tout village, où les Catalans aisés vont prendre les eaux sulfureuses, pendant la belle saison.

On dirait un vieux couvent; et ce fut en effet,

m'a-t-on dit, un couvent, mais il y a longtemps.
Je frappe à coups redoublés, et ce n'est qu'au
bout d'un quart d'heure que l'on vient m'ouvrir.

Un grand diable, haut de toute la tête plus que
moi, solide et rude montagnard à la mâchoire de
bouledogue, aux yeux gris féroces, se présente
brusquement, dès que les verrous sont tirés, en
baragouinant force choses dont je ne peux
même saisir le sens. Il a l'air stupéfait de ma
visite et ne paraît pas se douter du tout de ce qui
m'amène en sa maison.

Je demande alors :

— *Tiene usted un cuarto?*

Il ne comprend pas et me regarde, les yeux
dans les yeux, presque menaçant. Je suis absolument ahuri d'une telle réception.

J'ajoute, pour me faire mieux entendre :

— *Tengo hambre y estoy mucho cansado.*

Mais la question « avez-vous une chambre ? »
et ce « j'ai faim et je suis très fatigué » ne lui
en disent pas davantage.

Agacé, inquiet même, je me retourne du côté
de la route, faisant de grands gestes et poussant
des appels désespérés, pour faire venir bien vite
mon imbécile de guide andorran qui était resté
en arrière, à une centaine de pas. Ils échangent
quelques paroles, je pénètre dans l'établissement.

Une vaste salle, qui devait servir jadis de parloir
ou de promenoir aux moines. Des murs totalement
nus. Des dalles pour plancher. Deux tables en
sapin à peine dégrossi. Un énorme et vieux ba-
hut. C'est glacial, obscur et peu engageant. Mais
au fond de la salle, qui a la forme d'un long paral-
lélogramme, une cheminée gigantesque où flam-
bent des bûches entassées. Sans ce foyer ardent,
on se croirait dans une cave, car une seule méchante chandelle brûle dans un chandelier de fer.
Autour de la cheminée devant laquelle on m'invite à prendre place, une douzaine de Catalans,
le bonnet sur la tête, la cigarette aux lèvres, le
fusil entre les jambes, sont assis sur des escabeaux.

— *Buenas tardes, señores.*

Ils s'écartent pour me donner passage et, comme ils ne disent pas un mot et me regardent à la dérobée, je bourre une pipe, — alors que j'aurais préféré un chiquon de pain, — afin de me donner une contenance. Mon hôte vient s'asseoir auprès de moi. Il me regarde aussi, lui, mais sans prononcer une parole. Ce silence me gêne. Comment rompre la glace ? Je sais très peu d'espagnol et ils n'entendent guère que le catalan dont j'ignore les beautés. Je cherche et je trouve cet excellent sujet de conversation dans tous les pays : le temps qu'il fait.

— *El tiempo es frio, esta noche,* dis-je.

— *Si, señor.*

Et je caresse un chat qui se chauffe les côtes, puis un chien ; j'exprime une opinion sur ces bêtes, et les fumeurs, sortant de leur silence, me renvoient des phrases que je devine plus que je ne les comprends. Peu à peu, la conversation s'élargit. J'apprends que ces bons types, qui ont des figures de brigands, sont des chasseurs et des contrebandiers. Je leur apprends que je suis Français et que je viens de l'Andorre... pour mon plaisir, ce qui paraît les étonner beaucoup. Mon hôte, qui a bien de la peine, même quand il sourit, à ne pas avoir l'air d'un affreux gredin — et cependant il est tout jeune, — me parle des soldats français et des soldats espagnols. Il me dit que ceux-ci sont bien plus braves que ceux-là. Et il accompagne cette appréciation par une mimique expressive, en ajoutant que les soldats espagnols fondent sur l'ennemi le couteau à la main, « *el cuchillo à la mano !* » Il tient en ce moment une *navaja*, dont il se servait pour taillader un morceau de bois en guise de distraction, et il la brandit comme s'il voulait découdre un adversaire. Je me garde bien de le contredire. Puis on parle de la capitale française. J'émerveille ces bons Catalans en leur décrivant les magnificences de Paris, qui leur apparaît comme une ville monstrueusement fantastique; et quand je leur raconte qu'il faut trois heures pour la traverser, ils restent stupides d'étonnement. Bien entendu, ce n'est pas sans peine que je me fais comprendre, et je dois avoir plus d'une fois recours à une gesticulation compliquée, à des figures géométriques que je charbonne sur le mur ou le plancher.

Enfin ! le dîner est prêt. L'hôtesse, une jolie brune très avenante, m'invite à la suivre dans une salle à manger aux murs peints à l'huile, où se trouve une table longue entourée de chaises cannées. C'est très propre. Il y a même un bouquet sur la table. L'hôte m'apporte un excellent dîner, composé en grande partie de gibier qu'il a tué lui-même dans la journée, me dit-il. Il est à présent fort aimable et mes préventions ont presque disparu. Mais je suis trop fatigué pour avoir grand faim et je mange du bout des dents.

— *Tengo sueño.*

Le lit est prêt. Je suis mon hôte dans une autre pièce toujours située au rez-de-chaussée. Il y a là six couchettes alignées, encadrées dans des ri-

deaux formant alcôve. Comme je parais un peu
désappointé, le Catalan me dit que je puis fermer
la porte, qui a une serrure. C'est vrai, mais la
serrure n'a pas de clé. C'est un détail. Il me sou-
haite la bonne nuit et je me couche. J'entends
un bruit de pas dans la grande salle, la porte
extérieure roule sur ses gonds. J'écoute. Ce sont
les contrebandiers qui s'en vont à leurs affaires...

Aux premières lueurs de l'aube j'étais sur pied.
Un verre d'aguardiente avec une croûte de pain.
Je soldai ma dépense et celle de mon guide,
une bagatelle. L'hôte me parut un excellent garçon, doué seulement d'une figure un peu trop
énergique; la maison moins sombre, moins sus-
pecte : effet de la clarté diurne. Dix minutes
après, je montai à cheval. Vers midi j'arrivai,
toujours en suivant les méandres de la Sègre et à
travers un ravissant et superbe pays, au gros
bourg de Belver. Là j'abandonnai guide et mulet,
qui n'en pouvaient plus, pour prendre une méchante carriole où je crus être disloqué, afin de

me faire conduire à Bourg-Madame. Les routes espagnoles sont extravagantes : bosses et trous. Pour les améliorer on y sème des pierres grosses comme la tête : On ignore encore l'art de casser les cailloux, en ce pays. Ruisseaux et rivières, on passe tout à gué. Le voiturier, qui me vantait les mérites de son cheval, interrompait de temps en temps sa cantilène — il a fredonné pendant quatre heures le même air, le misérable ! — pour me dire en catalan :

— Si nous avions en Espagne des routes comme en France, mon cheval irait comme le vent.

Il allait bien assez vite, hélas ! j'étais comme un volant sur la raquette et j'avais beau me caler des pieds et des mains, je pensai plusieurs fois avoir les côtes enfoncées. Ce ne fut qu'à proximité de notre frontière que j'eus quelque répit et que je pus admirer l'immense plaine de la Cerdagne, son splendide panorama de montagnes...

Demain, 6 avril, je quitterai Bourg-Madame où je suis arrivé sans encombre. J'ai encore sept ou huit heures de diligence avant d'atteindre la coquette ville de Prades, où je retrouverai le chemin de fer. Je doute que les moelleux coussins d'un compartiment de première classe me fassent oublier le trot sec de ma mule et la banquette de bois de l'affreuse carriole, des rudesses de laquelle je me ressens encore. Je m'y faisais et l'imprévu du voyage, la beauté des sites ne me laissaient guère le temps de songer à de si mesquins inconvénients. Donc je rentre, et dans deux ou trois jours je verrai le « noble » faubourg Montmartre. Je ne tarderai pas à regretter la Catalogne, le Val d'Andorre, et la petite Juana, la servante de mon ami Pepe, qui m'apportait chaque jour, soir et matin, de si délicieux bouquets de fleurs, cueillies dans la montagne.

———

Quelque temps après mon retour de l'Andorre,

une révolution nouvelle, toute pacifique, eut
lieu. Le syndic, le vice-syndic et le secrétaire
d'Etat, tous trois partisans de l'évêque, durent
donner leur démission et furent remplacés par
des amis de la France, dévoués à la cause progressiste.

Le nouveau président de la République d'Andorre est M. Maestre, dit Caradet, homme d'une
soixantaine d'années, très libéral et d'une intelligence peu commune. C'est le beau-père de mon
ami Pepe, qui n'en reste pas moins aubergiste :
le népotisme ne fleurit pas encore en terre andorrane, et les gendres des présidents n'y jouis-
sent que d'un crédit fort limité.

Combien de temps cette pacification durera-
t-elle ? *Quien sabe!* Mais la turbulence de ce
petit peuple peut faire prévoir qu'elle ne durera
pas longtemps. C'est dommage ; mais ce qui le
serait encore plus c'est que les Andorrans se
modernisassent au point de ressembler à des hô-
teliers suisses. Par bonheur, il coulera bien de

l'eau encore sous le pont de bois d'Andorre-la-Vieille, avant qu'il en soit ainsi, et ce pour la plus grande joie des voyageurs, artistes ou poètes.

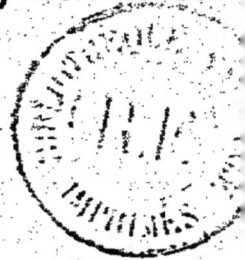

FIN

LES ECREHOU

I

LA QUESTION

Entre Jersey et la côte normande du bas Cotentin, en face de Carteret et de Port-Bail, au plus étroit du périlleux passage de la Déroute, la Manche est comme semée de rochers et d'écueils, pour la plupart à fleur d'eau et qui ne s'élèvent au-dessus des vagues qu'aux heures des marées basses. Ceux qui émergent d'une manière constante, forment des îlots peu élevés, refuges de milliers d'oiseaux marins, où les Jersyais et les paysans normands vont arracher le varech pour engraisser leurs terres. A l'entour, la pêche est fructueuse, et ces parages sont visités par nombre de bateaux anglais et français, dont les équipages ne fraternisent guère, car la concurrence, la lutte pour la vie, n'ont fait qu'entretenir, sur le littoral, les vieux sentiments de haine nés des vieilles guerres. Dans les villages côtiers, de la pointe de la Hague au pays avranchin, on se souvient et l'on parle encore des « descentes » anglaises, aux temps de la Révolution et du premier Empire ; des pillages, des meurtres, des incendies qui désolèrent la contrée. Les générations actuelles ont entendu raconter par les blancs ancêtres, dont il ne reste plus que de rares survivants, acteurs et témoins des luttes du commencement de ce siècle et de la fin de l'autre, les alertes continuelles, quand le tocsin sonnait dans les clochers et que les tambours battaient le rappel sur les places publiques, convoquant les milices pour s'opposer à un débarquement d'insulaires, ou pour repousser les forces ennemies qui couraient le pays plus en aventuriers qu'en soldats.

On trouve la trace, dans les annales, des contestations soulevées depuis deux ou trois cents ans, pour la possession de cet archipel d'ilots. Peut-être ont-elles même existé de tout temps, surtout depuis l'époque où la Normandie fit définitivement retour à la France, après la guerre de Cent ans. Il y a quelques années, il en fut de nouveau question, et l'on n'y pensait plus, sinon sur le littoral, quand le bruit se répandit tout à coup que les Anglais construisaient un fort sur le principal ilot des Ecrehou, le groupe le plus important, avec les Dirouilles, de cet archipel d'écueils.

Grand émoi dans toute la presse. Les Ecrehou deviennent à la mode. C'est à Paris le sujet de toutes les conversations. Mais qu'est-ce que les Ecrehou ? Tout le monde l'ignore, où à peu près. Charles Frémine, le délicat poète normand, fait rééditer sa charmante nouvelle, qui a pour titre le nom de ces îlots qu'il connaît bien. Divers journaux envoient des reporters. Mais le temps est si mauvais qu'ils ne peuvent prendre la mer et doivent forcément se contenter des racontars des gens de la côte. L'un d'eux écrit qu'on aperçoit, avec une bonne lorgnette, du cap Carteret, les tourelles du fort en construction. Le gouvernement télégraphie au préfet maritime de Cherbourg, qui déclare ne rien savoir, puis qui affirme que s'étant rendu au sémaphore de Carteret, il a bien vu, à l'œil nu, les habitants des Ecrehou aller et venir sur la plage, mais que rien de suspect n'a attiré son attention. Or, l'on sait déjà dans le public, par la nouvelle de Frémine, que les Ecrehou sont inhabités, excepté par un vieux solitaire fantaisiste, le père Pinel, et l'on trouve amusante cette assertion du préfet qui a pris des pêcheurs ou des cueilleurs de varech pour des habitants, et qui ignore que les Ecrehou ne sont point peuplés. Un de nos confrères, M. Pierre Giffard, a bien informé son journal (*le Figaro*) qu'il a passé à environ deux milles au large des Ecrehou, sur un bateau qui fait le service entre Port-Bail et Jersey, et qu'il n'a rien vu qui ressemblât à un fort. Mais cette affaire n'en préoccupe pas moins l'opinion, dont la curiosité n'est pas encore satisfaite.

Pour ma part, je brûlai d'envie de voir ces îlots, que seul Frémine avait décrits, et je ne fus pas peu joyeux, quand je fus invité à me mettre en route, bien qu'il fît un temps affreux et que la neige tombât en abondance.

Je me rendis d'abord à Cherbourg, pour m'informer. Mais là on ne s'inquiétait guère des Ecrehou, pour la bonne raison qu'on ne les connaissait guère que de réputation, et l'on ne trouverait pas dans cette ville morose un seul marin capable de vous piloter dans ces écueils. On m'apprit même que ce n'était qu'à Jersey, à Carteret ou à Port-Bail, que je rencontrerais des pêcheurs qui pourraient me conduire aux Ecrehou. Aucun caboteur ne se fierait à les « ranger », tant ils sont entourés de courants violents ; les bateaux qui vont de Port-Bail à Jersey s'en tiennent à la distance de près d'une lieue.

Il fallait que j'allasse à Port-Bail.

II

Me voilà dans cette petite ville, assise au bord des dunes, dont l'église au clocher carré bâti par les Anglais, qui occupaient le pays au moyen âge, a conservé l'aspect d'une vieille forteresse.

A Port-Bail, on parle un peu plus des Ecrehou qu'à Cherbourg. Le maire de cette localité, M. Vardon, s'est beaucoup occupé de la question, et les habitants, qui détestent les Anglais — toujours le souvenir des grandes guerres — verraient avec colère les Ecrehou devenir une possession de l'Angleterre, d'autant que pour eux le préjudice serait grand, puisqu'ils sont presque tous pêcheurs. Je me rends chez le maire.

Par malheur, toutes les autorités, à vingt lieues à la ronde, étaient parties pour assister aux obsèques d'un sénateur, véritable événement pour la contrée, et je dus me contenter des racontars des marins et des gabelous, racontars contradictoires, car les uns affirmaient qu'à Jersey il avait été question d'occuper les « Ecrehou » et d'y apporter, pièce à pièce, des tourelles d'acier pour le fort à construire, et les autres affirmaient qu'il n'en était rien. D'autres encore disaient qu'on ne pouvait plus aller pêcher aux Ecrehou qu'à ses risques et périls ; d'autres qu'on y pouvait aller en toute sécurité. Et comme la plupart n'y étaient pas allés depuis la fin de l'été, ils finissaient par croire « qu'il pourrait bien y avoir queuque chose ».

A Carteret, on n'en savait pas davantage. Mais là, où je m'étais rendu à pied, en suivant la côte, malgré une bourrasque de neige qui me coupait la figure, j'eus enfin le plaisir de voir, non pas à l'œil nu, mais avec une bonne lorgnette, les fameux « Ecrehou ». Seulement, j'avais beau frotter les verres de la lorgnette, écarquiller les yeux, je n'apercevais à l'horizon, très loin, qu'une mince bande de rochers, que la brume masquait à tout instant, et qui me paraissaient tout à fait insignifiants.

Une voiture me ramena à Port-Bail, car je ne me souciais pas de refaire la même route sur cette grève désolée, et ce n'est que le soir que j'eus l'avantage d'être reçu par le maire du pays, un notaire comme il en est peu, homme intelligent, plein d'affabilité, qui me mit au courant de toute la question. Il s'offrit pour venir le lendemain avec moi aux Ecrehou, dans la péniche de la douane, mise fort obligeamment à ma disposition par l'inspecteur résidant à Valognes, et de passage à Port-Bail, ainsi que par le capitaine de la douane.

Le lendemain matin, à la pointe du jour, nous étions tous, M. Vardon, M. Lemonnier, ex-commissaire de surveillance du port, et moi, au rendez-vous pris la veille. Nous allions sur la digue, attendant l'heure de la marée, inspecter le ciel pour voir si nous pourrions embarquer. Il aurait venté en tempête que je serais parti. Mais mes compagnons et les marins de la douane, n'ayant pas les mêmes raisons et bien au courant des difficultés de l'entreprise, n'étaient pas de cet avis. J'avais très peur que ce fût encore un espoir trompé, car autour de moi je voyais tout le monde faire la grimace. La vérité est que le temps n'était pas rassurant. A tout instant il y avait de brusques sautes de vent, des rafales de neige tourbillonnaient, la mer était houleuse, le ciel noir, et, vers le nord-est, on apercevait un arc-en-ciel presque fermé, signe de très mauvais temps.

— V'la un « cul-de-chien » qui pourrait bien nous donner d'la misère, dit le patron du bateau. Enfin, tant pis, si nous ne pouvons accoster les Écrehou, nous filerons jusqu'à Jersey. Embarque!

La péniche l'*Immortelle* est un petit bateau
non ponté, calant un pied et demi, portant un
grand mât, une misaine et un tape-cul, bordé,
au besoin, de six avirons et monté par sept
hommes d'équipage. Elle est mouillée à l'extrémité de la digue, dans la petite baie de Port-
Bail, baie très sûre, entourée qu'elle est de hautes dunes de sable où ne poussent que quelques
ajoncs rachitiques.

On embarque d'abord les provisions de bouche, car aux Ecrehou on ne trouve rien à manger, si ce n'est des coquillages, et on ne sait ce
qui peut arriver: des bateaux ont été forcés d'y
relâcher trois ou quatre jours. Il faut donc avoir
des vivres. Nous en emportons en conséquence :
pain, cidre, vin, viande, café et eau-de-vie. Puis,
les passagers étant embarqués à leur tour, tout
étant paré, on largue l'amarre, et en route!

Dès que nous avons franchi la baie sablon-
neuse de Port-Bail, nous commençons à danser
effroyablement. Le vent souffle du nord-est, et

11

c'est un bon vent. Le patron nous affirme que s'il ne survient rien de nouveau, nous toucherons aux Écrehou avant deux heures. Sur cette promesse, nous bourrons nos pipes, tout en regardant la mer houleuse, qui a par places de vastes étendues blanchâtres, scintillantes comme de l'argent, bien que le soleil, apparu un moment sur l'horizon, et brillant d'un éclat rouge très vif, ait complètement disparu derrière un rideau de brouillards. Tout en échangeant nos observations sur les menus incidents de route, M. Vardon, aidé par l'ex-commissaire et le patron de l'*Immortelle*, me narre l'histoire de l'affaire des Écrehou. Elle a commencé d'une façon très singulière et drôle.

La voici:

D'abord, depuis longtemps, selon le récit très véridique de mon ami Charles Frémine, les Jersiais prétendent que les Écrehou leur appartiennent et qu'ils relèvent de la commune de Saint-Martin; mais ce n'était encore qu'une revendication toute platonique, lorsque survint l'affaire du fraudeur Binet.

Un jour, ce Binet, un marin extraordinaire qui sort par tous les temps et qui se rit de la tempête la plus furieuse, une espèce de Gilliat, peut-être plus entreprenant encore que le héros de Victor Hugo, embarque pour Jersey plusieurs tonneaux d'alcool. Son chargement est en règle et visé par la douane de Port-Bail, le voilà parti. Qu'arriva-t-il quelques heures après? Nul ne le sait que lui; mais ce qui est certain, c'est que son côtre relâche aux Ecrehou. Une barque douanière anglaise, qui le guettait et qui avait été peut-être prévenue en sous-main par Binet lui-même, ar-rive aux Ecrehou en même temps, met l'embargo sur le côtre et le conduit à Jersey. Binet proteste. On n'a pas le droit, dit-il, de le saisir aux Ecre-hou, terrain neutre; mais il se garde bien d'exhi-ber sa patente d'embarquement. On arrive à Gorey ; les tonneaux d'eau-de-vie sont débar-qués; deux ou trois jours après on les met en perce, et... les douaniers jersiais ne trouvent dedans que de l'eau pure.

Binet, tout en riant sous cape, continue à protester ; ses barils contenaient bel et bien de l'eau-de-vie, et la preuve en est dans la patente qu'il exhibe alors. Vous n'aviez pas le droit de me saisir, dit-il, parce que j'étais sur terre neutre d'abord, ensuite parce que j'étais en règle ; vous prétendez que vous n'avez saisi que de l'eau pure: ce n'est pas vrai, vous m'avez volé, je veux mon eau-de-vie!

On plaide, et le procès n'est pas encore terminé. On a offert à Binet de lui rendre son côtre avec quelques dommages-intérêts, mais Binet tient bon : il réclame son eau-de-vie et une grosse indemnité. Le curieux, c'est que le rusé Normand est dans son droit. On sait bien qu'il est parti avec de l'eau-de-vie et l'on suppose que, une fois au large, il aura transbordé sa cargaison sur le bateau d'un confrère qui lui aura donné à la place des barils d'eau.

Mais comment le lui prouver? C'est si difficile que les Jersiais furieux, cassent aux gages leur directeur des douanes, un nommé Bertram, qui occupait cet emploi depuis trente ans. C'est ce Bertram qui avait mis en avant la question des Ecrehou, dont il voulait être nommé connétable, c'est-à-dire maire.

C'est de cette époque, il n'y a plus à en douter, que datent les récentes revendications de l'Angleterre sur les Ecrehou. Car il y a eu bel et bien des revendications tenues secrètes, il est vrai, mais qui n'en ont pas moins existé. Des circulaires émanant des préfets maritimes et du ministre de l'intérieur, relativement à cette affaire, existent, et demain je ferai mon possible pour me les procurer. Le *Figaro* en a reproduit une, mais non pas textuellement et le texte même est bien plus significatif, dit-on. Ces circulaires, basées sur des considérants, informaient les autorités de la côte d'avoir à prévenir les pêcheurs qu'ils n'aillent plus aux rochers contestés.

Mes compagnons en étaient là de leur narration, quand tout à coup un grain violent nous tombe dessus par tribord; des paquets de mer sautent dans la barque et sans nos *suroîts* nous serions déjà trempés jusqu'aux os.

— Prends un ris à la misaine! dit le patron.

Le bateau se redresse un peu, mais il faut prendre jusqu'à trois ris, tant la brise est forte. On ne voit pas à une encâblure, c'est-à-dire à deux cents mètres. C'est inquiétant. Le patron parle de mettre le cap sur Gorey. Soudain, le vent passe dans une aire opposée, il faut orienter la voilure d'une autre façon. Nous marchions tout à l'heure « au plus près » et nous pouvions compter être bientôt aux Ecrehou. Mais à présent il faudra presque les « doubler ».

Nous ne rions plus, le froid pince dur, on est tant soit peu mouillé, et nous sautons comme des marrons dans une poêle. Je suis parti malade et j'ai bien peur de « donner à manger aux poissons ». Pourtant, je n'ai jamais eu le mal de mer.

Et toutes les dix minutes il faut changer d'amures, larguer les ris pour les reprendre ensuite, mettre tout dehors ou conserver le moins de toile possible. Il y a près de deux heures que nous sommes partis, et il n'y a que les hommes d'équipage ayant une vue étonnamment perçante, qui puissent distinguer de temps à autre, dans une éclaircie, les îlots que nous cherchons.

Mais la mer est aussi capricieuse qu'une jolie femme ; en un clin d'œil, la brume disparaît, le vent se maintient au nord-est, et nous voyons enfin émerger les « Écrehou ».

Je ne les vois que bien imparfaitement pour ma part.

— Tenez là ! par tribord, me dit un vieux matelot tout tanné par le hâle, là, par le travers du hauban.

Le ciel est devenu plus clair et je vois très nettement les Écrehou, à environ deux mille de nous.

. . . .

On éprouve une véritable surprise. De très loin, ce qui n'apparaissait que comme une mince ligne de brisants, devient un archipel d'îlots couvrant une grande étendue de mer. On les voit, couronnés d'écume, entourés d'une verte ceinture de goëmons, qui émergent de quelques mètres au-dessus de l'eau, affectant les formes les plus bizarres, cônes droits, cônes tronqués, unis, lisses ou bien rongés, creusés, fouillés par la lame. On dirait quelque ville fantastique, une ville de rêve, avec des tours, des dômes, des clochetons, de vieux remparts crénelés, et la buée dont ils sont enveloppés, estompant les contours, confondant les lignes, surajoute encore à leur aspect étrange et tourmenté. A la mer haute, on voit bien une centaine de ces rocs arides, toujours en lutte contre les vents et les flots ; à la mer basse, on en voit plus de cinq ou six cents, qui tous ont un nom. C'est la *Bigorne*, qui affecte la forme d'une énorme dent de chat ; c'est le grand et le petit *Creuchon*, la *Pierre-aux-*

Femmes, les *Écrevières*, banc de sable couvert à chaque marée, le *Gros Galeux*, les *Basses de Taillepied*, le *Banc fêlé*, le *Pain-de-sucre* et, vers le nord-ouest, très loin, le groupe des *Dirouilles*.

Au centre se dressent les îlots principaux : la *Maître-Île*, la *Marmottière* et *Blanque-Île*. Le tout forme une vaste circonférence de plusieurs lieues.

De très près, et avec le temps que nous avions, c'était réellement effrayant. Je me demandais comment nous allions pouvoir pénétrer dans ce labyrinthe de rochers. Une fois dedans, je me demandais comment et par où en sortir. Ce fut avec les plus grandes précautions que nous entrâmes dans l'étroit chenal qui commence à la *Bigorne* et conduit au groupe principal. Après avoir couru encore quelques bordées, toute la voilure fut serrée et l'équipage se mit aux avirons. A tout instant on mouillait à pic et on hâlait dessus, c'est-à-dire on jetait l'ancre droit et on tirait sur la chaîne, car les remous nous reje-

taient tout de suite à quelques brasses en arrière.
Mais sitôt qu'on fut entré dans une espèce de petit hâvre, à l'est de la *Maître-Ile*, le calme fut subit. L'eau était là aussi tranquille — la mer com-
mençait à baisser et nombre de gros rochers
découverts nous protégeaient contre le ressac —
aussi tranquille que dans le bassin des Tuileries.
La péniche contourne doucement la *Maître-Ile*,
où le débarquement est très difficile, la roche
étant à pic, et nous accostons au bout de dix minutes la *Marmottière*, dont nous pouvions depuis longtemps déjà compter les maisonnettes,
frileusement adossées les unes contre les autres,
sur le point culminant du rocher.

Il était une heure de l'après-midi, nous avions
mis trois heures et demie pour faire ce court
voyage.

Nous sautons à terre, pour grimper sur le sommet de l'ilot ; mais ce n'est pas sans peine que
nous atteignons la crête du galet ; les bas rochers
sont couverts de varech encore tout humide, de

là des glissades et des chutes. Nous voilà enfin sur le terrain sec, battant la semelle pour nous réchauffer. En trois enjambées, nous sommes en plein cœur du hameau des Écrehou, composé de six maisonnettes, très solidement bâties, à toiture de tuiles ou d'ardoises, les murs blanchis à la chaux. Groupées comme elles sont, elles forment une petite place intérieure, grande comme une arrière-cour, où se trouve un réservoir d'eau de pluie sur lequel on lit: *Pro publico bono*. Toutes ces maisonnettes appartiennent à des Jersiais et portent une inscription relatant la date de la construction, avec le nom du propriétaire; au dos de l'une d'elles, on remarque encore, mais imparfaitement, celle qui fut relevée par Frémine :

Au nom de
Dieu et la Religion
Amen
L'an mil huit........ 81
. . . .
Bailli et
Lieutenant-génér   Lothian-Vich.....

Le reste est effacé.

Un peu en contre-bas, sur une petite plate-forme défendue par un parapet naturel de rochers, deux mâts de pavillon sont dressés. Ici, une anecdote qui démontre bien que les Jersiais considèrent les Écréhou comme leur propriété. Un jour, M. F. vient sur l'îlot, en partie de promenade avec quelques amis — pendant l'été, s'entend. Ils veulent hisser nos couleurs. Quelques Jersiais, qui se trouvaient là, protestent, disant que les Français n'ont pas le droit d'arborer leur pavillon et qu'il faut « l'amener ».

— Eh bien ! venez-y, « amenez-le » vous-même ! répondent nos compatriotes, qui ne connaissaient peut-être pas la circulaire ministérielle.

Les Jersiais se le tinrent pour dit et laissèrent flotter notre drapeau à côté du leur.

En face de nous, à l'autre extrémité de l'île, et à environ deux portées de pistolet, est situé le palais de Philippe Pinel, « le roi des Écréhou. » Nous nous y rendons en suivant une chaussée faite par la mer, qui y apporte, de l'est comme de l'ouest, de lourds galets — le reste étant couvert d'eau à marée haute.

Nous entrons dans la cabane où Pinel couche, où il mange, où il cuit son pain. Deux personnes y seraient mal à l'aise, et nous nous y tenons tous les dix, serrés les uns contre les autres.

— Bonjour meschieurs !

— Bonjour, père Pinel, répondent nos matelots, au singulier type qui est là, devant nous, regardant tous ces visiteurs avec des yeux bruns, brillant d'un éclat métallique, surplombés de sourcils en broussailles, et très rapprochés d'un nez à la courbure accentuée, aux larges narines. La moustache est coupée ras, au ciseau ; les joues sont garnies d'une barbe touffue encore très noire. De longues mèches de cheveux mal peignés se tordent sous les bords déformés d'un petit chapeau d'étoffe, comme en portent les Anglais en voyage. Le visage n'a rien de l'anglo-saxon ; l'on dirait plutôt qu'il appartient à un pâtre du versant italien des Alpes. Impossible de lui donner un âge. De quarante à soixante ans, c'est l'évaluation très vague qu'on peut faire. Malgré les rides, la chevelure et la barbe semées de fils d'argent, la tête de ce bonhomme n'est pas celle d'un vieillard. Le teint est si bruni, si hâlé par le vent, que c'est comme une espèce de fard qui masque les années, et le regard est si perçant, si jeune, qu'on demeure interdit. Le père Pinel est de petite taille, mais d'apparence vigoureuse; l'allure est leste, décidée. Il s'exprime en français très couramment, avec un fort accent mélangé de normand et d'anglais. Mais il parle mieux anglais et s'exprime très bien en espagnol, me dit un marin, car Pinel a navigué quinze ans au long cours, avant de venir définitivement se fixer dans cette solitude où il mourra.

La conversation s'engage.

— Quel âge avez-vous, monsieur Pinel ?

— Quel âge me donnez-vous ?

— Dame ! quarante-cinq à cinquante ans.

— Oh ! fait-il en riant, je voudrais bien avoir en « souverains » ce que vous me donnez en moins !

— Vous allez déjeuner avec nous ?

— Mais oui, mochieu, mais oui.

Et comme la faim se fait très vivement sentir, les marins retournent à la péniche pour y chercher les provisions.

Jusque-là je n'ai pas eu le loisir de remarquer le mobilier, tout entier que j'étais à l'homme. Une petite table posée contre la fenêtre ; un recoin où, sur des rayons, sont disposés divers ustensiles : assiettes, bols, plats, verres ; un grand coffre où est enfermée la bibliothèque du « roi », coffre servant de siège ; une sorte d'alcôve en bois, juste de la profondeur d'un lit ordinaire, où l'on voit un matelas de varech et deux ou trois vieilles couvertures, voilà la couche ; en face, une cheminée dont le foyer est surélevé de deux pieds et demi environ ; à côté, une caisse en tôle qui sert de four pour cuire le pain. Sur le manteau de la cheminée, une petite pendule, seul luxe de l'habitation ; accroché au mur, un miroir grand comme la main, et c'est tout. Au-dessus du coffre en bois, une lucarne donnant jour au nord-est, lucarne presque aussi superflue que la fenêtre, la porte du logis restant presque toujours ouverte.

Un matelot revient avec les liquides : cidre, vin et eau-de-vie. A la vue du cognac, les yeux du père Pinel étincellent, ses lèvres font une moue gourmande, il tend la main vers la bouteille...

— Vous permettez que je fasse comme chez moi ? dit-il.

— Ne vous gênez pas.

Et il se verse une vraie rasade, plein une tasse à café. Pour être roi et anachorète, on a ses petites faiblesses tout de même, et la goutte est une des chères faiblesses du père Pinel. Il ne peut rester à cause de cela à Jersey ; la bouteille le met à mal, et lui que les plus terribles vents de mer ne font pas osciller, est alors forcé de se tenir aux murailles, dit-on.

— A vous le premier, mochieu, fait-il poliment.

Sur mon refus, il avale d'un trait.

Je poursuis mon examen de la cahute. Point de plancher, la terre battue; pour plafond, les solives du toit; les murs badigeonnés grossièrement à la chaux. Je remarque encore deux fusils.

— Tiens, vous chassez?

— Mais oui, mochieu; il y a des lapins sur la *Maître-Ile*, puis je tue des canards et des houvettes.

Sans trop savoir pourquoi, je commence à être incommodé.

— C'est la fumée, me dit Pinel.

En effet, une odeur âcre, saline, empuante le réduit. Le seul chauffage sur les Écrehou, c'est le varech. Ça flambe, ça pétille, ça donne de la chaleur, et c'est gai à l'œil, mais ça froisse fort l'odorat. Le père Pinel brûle aussi le varech pour en revendre les cendres comme engrais; c'est, avec la pêche, son second moyen d'existence. Je suis contraint de sortir pour respirer un peu. A quelques pas, je vois M. le maire de Port-Bail en train de prendre un croquis de la baraque. J'essaie de l'imiter. De chaque côté de la masure principale, il y en a une autre de même dimension; l'une sert pour remiser le varech, afin de le faire sécher; l'autre abrite quelques vieux barils et des poules.

A droite, contre le mur de soutien de la masure, un vieux bateau goudronné. Un peu plus loin, la tourelle édifiée par le roi des mers et avec de si grosses pierres qu'on se demande comment un homme a pu non seulement les soulever, mais les monter si haut, avec la seule force de ses bras. La tourelle est en partie écroulée. C'est cette bâtisse grossière qui, de loin, a été prise pour un fort par des gens peu exercés. Devant la masure quelques choux assez beaux étalent leurs vertes rondeurs auprès de maigres mauves ; c'est avec le varech la seule végétation de ce rocher. A 200 mètres au sud, séparé par un étroit mais profond canal, la *Maître-Ile* sur laquelle on aperçoit les débris d'une vieille construction, ancien fortin, paraît-il, depuis long-temps tombé en ruines. C'est là que les Anglais pourraient établir un fort. L'espace est suffisant, quoiqu'on ait dit, puisqu'il y a environ 18 à 20 ares de rocs toujours à découvert, même aux grandes marées d'équinoxe. Avec quelques travaux, murs de quai, amoncellement de rochers comme brise-lame, on gagnerait encore du terrain.

—. A table !

C'est le patron de la péniche, maître David, un fier marin, qui revient avec ses hommes, rapportant les dernières provisions.

Nous rentrons dans la cabane. On essaye de se caser comme on peut et, à force de se tasser, on y parvient.

Deux verres, deux tasses et un bol pour onze personnes, point d'assiettes, ni de fourchettes — sur le pouce. Mais quel appétit! Le roi des Ecrehou donne l'exemple, il mange fort, mais il boit encore mieux, si bien qu'il est fort gai. Il nous exprime son grand désir, le seul qu'il ait : avant de mourir, il voudrait voir Paris. Quelle brusque transition, quel contraste pour ce solitaire, si, en quelques heures, il passait de son îlot désert en plein boulevard Montmartre! Il est ravi d'avoir autant de société; il parle lentement, sur un ton traînard mais continu. Nous sommes aussi gais que lui, et l'on plaisante.

— Venez à Paris, sire, et vous verrez! On vous présentera au président de la République; n'êtes-vous pas aussi chef d'État? lui dit quelqu'un.

— C'est là que vous verrez de jolies filles, père Pinel; vous n'aurez que l'embarras du choix, pour remplacer votre femme qui est repartie à Jersey;

Et le père Pinel, de plus en plus joyeux, m'offre un cigare et une pincée de tabac anglais; il me donne, comme souvenir, un barème de poche, pour compter la monnaie britannique ; il promet de m'envoyer, au printemps, deux homards, très abondants sur les îlots, un mâle et une femelle.

Une fois fait à l'odeur de la fumée de varech, on se trouve très à l'aise dans cette cassine, d'autant mieux qu'on a eu mauvais temps pour venir et qu'on ne s'attend pas à quelque chose de meilleur pour le retour. On boit du café avec la rincette et la surincette, à la mode normande, en toastant :

— Au roi des Écrehou !

Puis on philosophe. Pinel nous entretient de Dieu et de son livre, la Bible. Il en a une fort curieuse par son ancienneté et par ses vieilles et originales gravures. Anglican forcené, il nous explique certains passages avec une gravité convaincante, je dirai même avec éloquence, et je compris sans peine combien la majesté biblique devait avoir d'influence sur le cerveau de cet homme, qui vivait solitaire, sur ce rocher perdu au milieu des vagues, depuis près de quarante années. Il envisage la vie avec une enviable sérénité, et la mort avec une absolue résignation.

— On trouvera mon cadavre un jour, celui que Dieu a désigné, car je mourrai seul comme j'ai vécu.

Et il ajoute en riant :

— Mais je ne sais pas qui dressera mon acte de décès, puisque je n'appartiens ni à l'un ni à l'autre pays.

— Est-ce que vous ne vous ennuyez pas quelquefois?

— Jamais. Je n'ai qu'un regret, c'est que ma femme m'ait quitté. Mais elle avait des rhumatismes, et elle est allée en Jersey. Moi je reste. Je suis libre, ici, je suis mon maître.

. . . .

M. Vardon fait le portrait de face du père Pinel; je le croque, pas trop mal, de profil. Puis chacun « s'égaye » à sa fantaisie, dans les excavations des roches, pour y chercher des crabes et des coquillages.

Cinq heures. — La mer monte. Le moment du départ est arrivé. Nous regagnons l'embarcation, après avoir serré mainte fois la main au père Pinel. La nuit vient, de gros nuages sombres courent sur tout l'horizon; les écueils diminuent peu à peu de hauteur, disparaissant sous les vagues qui leur livrent un éternel assaut et qui s'y éparpillent en gerbes tumultueuses; chaque poussée de lame fait ronfler les galets, bruit rauque, incessant, sinistre. Une grande tristesse tombe, et c'est presque avec un serrement de cœur que je vois une dernière fois, déjà dans la pénombre, la silhouette du père Pinel, qui se détache sur le mur blanc de la cabane. Il est resté là, sur le seuil, et nous envoie de la main un signe d'adieu.

Nous embarquons. On relève l'ancre; on largue les voiles, dès que nous sommes sortis de la passe principale, et « l'Immortelle » ayant vent arrière, a bientôt perdu de vue les Écrehou. Tout autour de nous, la mer *frise*. La barque glisse sur des brisants; nous rangeons la *Pierre-aux-*

Femmes, nous passons sur le banc de sable l'*Écrevière*.

— Maintenant, dit le patron, vente comme il voudra ! c'est pas bi gênant ; nous n'avons plus rien à craindre. Avant deux heures nous serons à Port-Bail, s'il y a de l'eau, sans ça, faudrait mouiller en attendant. Voici le feu de Carteret au vent, nous sommes bons.

Et, pour passer le temps, on fume pipes sur pipes, on raconte des histoires de fraudeurs. Pendant une bonne heure, nous sommes tranquilles; mais ça ne pouvait pas durer. De fortes vagues s'escaladent les unes les autres. Nous roulons bord sur bord et des paquets d'eau nous cinglent le visage; j'en reçois dans le dos, sur la poitrine; j'en ai partout, sur les genoux, dans le cou, jusque dans mes poches. Tabac et allumettes sont à la détrempe. De temps à autre, le patron commande :

— Un ris à la misaine, garçons !

Puis ce sont des discussions sur le plus ou

moins de proximité de la côte. On voit les feux
de position de Port-Bail.

Le patron met le cap dessus, en les prenant
« l'un par l'autre », et, à présent, la route est
belle, dit-il.

Pas si belle que ça! Il fait bigrement froid et
le vent est si vif qu'on est gelé jusqu'aux moelles.
Puis le vent saute. Il faut tirer des bordées, ce
qui rallongera de beaucoup le chemin. Les passagers ne rient plus.

Enfin, vers neuf heures du soir, nous entrions
dans la baie de Port-Bail; la péniche était amar-
rée à la « Caillourie », rocher situé à la pointe de
la digue. C'est avec un grand plaisir que nous
nous retrouvons sur la terre ferme, avec les
jambes et les mains gourdes, un peu mouillés,
mais satisfaits tout de même d'avoir tenté l'aventure.

On trinque une fois encore, avant de se sépa-
rer, dans un petit débit de boissons sis   pied
du sémaphore, avec ces marins, rudes et bons

compagnons avec lesquels on irait confiant jusqu'au bout du monde, et l'on regagne le bourg,
distant d'un kilomètre.

A neuf heures et demie, je suis à l'hôtel des
Voyageurs, tenu par Mme veuve Robert, une
maman pour ses clients. Je n'ai plus qu'à dîner et
à me coucher ensuite : Ce n'est pas ce soir que
j'écrirai ma relation de voyage aux Écrehou.

III

POUR CONCLURE

Me voici de retour d'un petit village de la côte où un brave habitant m'a remis les circulaires relatives aux Ecrehou, circulaires qu'il avait conservées. Je ne puis dire le nom de cet homme ni le nom du village, car j'ai juré d'être discret. On redoute ici de se mettre mal avec les autorités, grandes ou petites, car ce pourrait être une suite de tracasseries sans fin. Ce n'est pas en province, et surtout à la campagne, que les gens ont leur franc-parler.

Eh bien! pour conclure, après m'être livré à une véritable enquête, ayant questionné à droite et à gauche des pêcheurs, des douaniers, les autorités municipales du pays, même des Jersiais de passage, et vu les Écrehou, je puis affirmer ceci :

1° La question des Écrehou est plus importante qu'on ne le croit; il y a longtemps déjà qu'elle est agitée, les circulaires le prouvent, comme elles prouvent aussi que l'Angleterre a émis des prétentions sur ces îlots et les a revendiqués, que nos pêcheurs ont été avertis plusieurs fois de n'avoir point à s'y rendre, afin d'éviter tout conflit avec les Anglais.

Ces maladroites circulaires sont presque une reconnaissance formelle du gouvernement français des prétendus droits de l'Angleterre sur les Écrehou.

2° L'importance de ces rochers est réelle; avant de les avoir vus, je crois avoir dit qu'il me semblait difficile qu'un fort pût y être établi. Les ayant vus, mon avis a changé.

Un fort anglais sur la *Maîtresse-Ile* des Écrehou nous fermerait, en temps de guerre, le passage de la *Déroute*, passage seulement indiqué sur les cartes entre Jersey et Guernesey, mais qui s'étend le long de notre côte très avant dans le sud. Le fort nous fermerait d'autant mieux la *Déroute*, que c'est une passe difficile, semée d'écueils, de bancs de sable, où de gros navires ne peuvent passer qu'avec des pilotes du littoral et par des marées exceptionnelles. On peut arguer que, dans ce cas, l'inconvénient n'est pas très grand, puisqu'il y a peu de navigation dans ces parages. Mais il y a d'autres inconvénients de premier ordre.

D'abord, en cas de guerre, avec une flottille de petits bateaux réquisitionnés à Jersey, les Anglais, appuyés par un fort aux Écrehou, pourraient tenter et réussir un débarquement soit à Port-Bail, soit à Carteret, surtout dans la première de ces localités qui va devenir très importante, à cause des travaux qu'on va entreprendre pour améliorer et agrandir le port, et du chemin de fer qui doit être livré à la circulation avant deux ans et qui reliera Port-Bail et Carteret à la ligne de Cherbourg-Coutances. Bien sûr que les Anglais trouveraient à qui parler, et rien que les paysans leur donneraient une jolie tablature. Mais tout dépend des circonstances. Supposez que nous soyons engagés dans une grande guerre européenne, et que les Anglais soient contre nous — c'est peu probable, mais il faut tout prévoir — guerre malheureuse, comme celle de 1870, où toutes nos ressources soient engagées. N'y aurait-il pas alors un véritable danger?

Remarquez que la côte n'est nullement protégée. On a parlé de batteries. Elles sont bien indiquées sur les cartes, mais ce sont les vieilles batteries dressées sur la côte par ordre de Napoléon Iᵉʳ et qui devaient être servies par les vétérans. Depuis 1828 elles sont abandonnées; quelques-unes ont servi de corps-de-garde aux douaniers, la plupart tombent en ruines et, en admettant qu'on les répare, elles ne seraient que d'un pauvre secours, avec l'artillerie actuelle.

Un fort aux Ecrehou exigerait un fort à Carteret, et peut-être à Port-Bail, pour le contre-battre. Tôt ou tard il faudra en venir là, pour défendre ce point de la côte; mais pour l'instant on peut attendre encore. Puis rien ne dit que ce fort de Carteret pourrait, comme on l'affirme, détruire en quelques coups de canons le fort des Ecrehou, qui ne peut être qu'un fort blindé, à tourelles. Carteret le dominerait de très haut, mais ce n'est point toujours l'élévation d'un fort qui fait sa puissance, et des boulets peuvent bien atteindre sans peine une altitude d'une soixantaine de mètres.

Enfin, la possession des « Ecrehou » assurerait aux Anglais un prolongement de la limite de leurs eaux; il n'y aurait plus pour ainsi dire de zône neutre entre les eaux anglaises et françaises, par conséquent, plus de pêche possible, non seulement sur les Ecrehou, mais presque dans toute la *Déroute*. Déjà les Anglais ravagent cette

zône neutre. Ayant de meilleurs bateaux que les
nôtres, ils sortent presque par tous les temps et
font de formidables rafles de poissons et d'huîtres,
dont il y a plusieurs bancs.

A tous les points de vue, il est donc indispen-
sable que les Écrehou restent ce qu'ils sont encore, c'est-à-dire neutres, et non pas terre jer-
siaise. Si l'Angleterre renouvelait ses prétentions,
il faudrait lui répondre par un obstiné refus. Et
elle pourrait très bien les renouveler le jour où
les Jersiais ayant encore établi sur ces îlots quelques maisonnettes, l'Angleterre pourrait dire :

—Il y a là des sujets anglais, des propriétés anglaises, régis par nos lois, ceci nous appartient.

C'est ainsi qu'ils pratiquent sur tous les points
du globe où leur orgueilleux pavillon flotte souvent sur d'arides rochers, qui n'ont aucune importance commerciale, mais qui ont une grande
importance stratégique.

FIN

TABLE

CHAPITRE V

CHAPITRE VI

CHAPITRE VII

DEUXIÈME PARTIE

CHAPITRE PREMIER

CHAPITRE II

CHAPITRE III

Asnières. — Imp. Louis BOYER et Cie, 7, rue du Bois